DE

L'INTÉRÊT CONVENTIONNEL

ET DE

L'USURE

EN DROIT ROMAIN ET EN DROIT FRANÇAIS

PAR

Auguste GUÉNEPIN

AVOCAT A LA COUR D'APPEL DE PARIS

DOCTEUR EN DROIT

PARIS

ALPHONSE DERENNE

52, Boulevard Saint-Michel

1883

DE

L'INTÉRÊT CONVENTIONNEL

ET DE

L'USURE

EN DROIT ROMAIN ET EN DROIT FRANÇAIS

PAR

Auguste GUÉNEPIN

AVOCAT A LA COUR D'APPEL DE PARIS

DOCTEUR EN DROIT

PARIS

ALPHONSE DERENNE

52, Boulevard Saint-Michel

1883

INTRODUCTION

Un des faits les plus frappants dans nos sociétés modernes, est le développement continu du crédit. A peine organisé au commencement de ce siècle, ses progrès se manifestent chaque jour par le nombre toujours croissant des titres de crédit. Les emprunts d'États, les obligations de sociétés industrielles se négocient à la Bourse par quantités énormes : des banques de toutes sortes, banques d'émission, de dépôts, de crédit, chiffrent leurs opérations par centaines de millions ; au Cleringhouse de Londres, le montant des opérations de crédit liquidées en un jour, dépasse parfois un milliard !

C'est au merveilleux essor du crédit, pendant ce siècle, qu'on doit le rapide développement du commerce et de l'industrie, les progrès de la prospérité et du bien-être général. Le crédit est indispensable au commerce, au point que sa suspension pendant un seul instant, entraîne de terribles crises. Sans lui, une masse énorme de richesses resterait improductive : il vivifie toutes les parties de l'organisme social, en distribuant le capital partout où il est utile. Seul, il rend possibles les grandes entreprises industrielles, dont l'outillage est si coûteux, les nombreux travaux d'art, qui en facilitant les communications, ouvrent au commerce de nouveaux débouchés, de nouvelles sources de richesses.

Nous n'avons pas à faire une étude générale du crédit, mais seulement celle d'une de ses formes les plus anciennes et les plus usuelles, le prêt à intérêt.

Ce contrat participe à tous les effets bienfaisants du crédit, et cependant, depuis l'antiquité jusqu'au siècle dernier, philosophes, pères de l'Église, législateurs, se sont accordés à le proscrire. C'est que son heureuse action sur la prospérité générale, ne s'est pas toujours fait sentir comme aujourd'hui. Le crédit est une arme à deux tranchants : utile à qui sait le rendre productif, ruineux quand l'inexpérience de l'emprunteur, ou l'absence d'emplois lucratifs ne permettent pas d'en tirer parti. On a surtout envisagé le prêt à intérêt sous ce dernier aspect : aussi a-t-il été, pendant des siècles, absolument interdit, et aujourd'hui encore est-il loin d'être admis partout sans restriction.

L'exemple de l'usure, à Rome, est un argument souvent invoqué par les adversaires du prêt à intérêt. Et cependant il n'était pas la cause des misères qu'on lui attribuait, c'était, au contraire, la misère qui devait fatalement amener l'usure. L'histoire est remplie des triomphes répétés, des magnifiques conquêtes du peuple romain ; mais, en revanche, combien fut misérable la condition de ce peuple, et qu'il a payé cher sa gloire ! L'esprit guerrier exclut le génie du travail et du commerce. Pour arriver à leur but, les Romains durent concentrer vers la guerre, toute l'énergie de la nation : le mépris du travail en fut la conséquence. Les arts manuels furent abandonnés aux esclaves : il n'y eut, pour ainsi dire, ni commerce, ni industrie. Un tel état de choses devait avoir pour conséquence nécessaire, la misère du peuple : le prêt à intérêt ne pouvait servir qu'à satisfaire les caprices des fils de famille, ou à retarder de quelques jours la ruine d'un malheureux, en la rendant plus complète. De là l'odieux qui s'est attaché à Rome au prêt à intérêt, et qui a persisté pendant le moyen âge. D'autant plus que l'intérêt est le plus élevé, précisément aux époques de malheurs publics, quand le besoin d'emprunter est le plus grand, parce qu'alors le capital est rare et la confiance est détruite. Les usuriers semblent donc spéculer sur la détresse générale pour pressurer leurs débiteurs, et pourtant il faut reconnaître que la situation générale, les risques auxquels ils s'exposent, justifient, dans une certaine mesure, les gros intérêts qu'ils exigent.

On vit également l'usure se déchaîner pendant la Révolution : le commerce et l'industrie étaient anéantis, des guerres terribles absorbaient d'énormes capitaux. Les mêmes causes amenèrent les mêmes effets, la misère et l'usure à sa suite.

Dieu merci, ce qui à Rome était la règle, est devenu l'exception. Si aujourd'hui, l'usure n'a pas disparu, ses funestes effets ne peuvent à coup sûr être mis en balance avec les immenses avantages du prêt. Il s'en faut pourtant qu'en France surtout, le prêt à intérêts soit considéré comme il devrait l'être. On ne le permet que dans cer-

taines limites ; les préjugés populaires se révoltent contre
ce qu'on appelle « la liberté de l'usure ». Les adversaires
de la liberté exploitent la réaction, qui s'est produite récemment dans plusieurs pays voisins ; après avoir admis
d'abord la liberté absolue de l'intérêt, ces pays ont pris des
mesures répressives contre l'usure. Depuis quelques années
il est vrai, une recrudescence de l'usure s'est produite en
Allemagne et en Autriche. C'est un des symptômes du
malaise économique dont souffre une partie de l'Europe,
mais en particulier l'Allemagne. Le système des armements
à outrance écrase le pays d'impôts, et enlève à l'agriculture
un grand nombre de bras ; la haine du service militaire
développe l'émigration (1) et fait perdre à ce pays ses éléments industrieux et les plus actifs. Enfin un tel état de
choses est une menace constante pour la paix de l'Europe,
et empêche le capital de s'aventurer dans l'industrie et de
la faire prospérer. Le manque de travail amène la misère :
la misère amène fatalement l'usure, car elle oblige à emprunter, et le misérable ne peut trouver que de dures conditions. Comme à Rome, comme pendant la Révolution,
les mêmes circonstances amènent le même déchaînement
d'usure.

L'usure n'est pas un fait isolé dont on puisse avoir
raison par une loi ; elle tient à un ensemble de faits, qui,
si on pouvait les faire disparaître anéantiraient avec eux
l'usure. Ce n'est pas au prêt à intérêt qu'il faudrait s'atta-

1. Un demi-million d'émigrants par an.

quer, mais aux causes qui rendent l'emprunt à la fois nécessaire et funeste. Aussi, comme il arrive toujours quand on veut faire violence à la nature des choses, les lois contre l'usure ne font qu'en aggraver les effets. C'est ce que nous chercherons à prouver dans cette étude, par la science économique et par l'histoire.

Nous devons traiter la question de l'intérêt et de l'usure principalement au point de vue juridique; mais nous ne pouvons négliger la question de législation, qui occupe tant de place dans l'histoire intérieure des peuples, et dont la solution est si intimement liée à leur prospérité. Nous aurons à rechercher quelle solution commande l'économie politique, si ses doctrines sont confirmées par les enseignements de l'histoire et de la législation comparée. Cette étude comprend donc quatre parties : 1° partie économique ; 2° partie historique ; 3° partie juridique ; 4° législation comparée.

PREMIÈRE PARTIE

ÉTUDES ÉCONOMIQUES

Section I. — *Du capital et de l'intérêt.*

1. — Toute société civilisée renferme une masse énorme
de capitaux qui nous apparaissent sous les formes les plus
diverses : monnaies, instruments de travail, matières
brutes destinées à être transformées par l'industrie, infinie
variété de produits, destinés à satisfaire nos besoins et nos
fantaisies. C'est le travail qui, peu à peu, a formé ce capital ; chaque génération a contribué à l'augmenter. Chaque
nation, en effet, produit dans son ensemble, au-delà de
ses besoins. Une partie de cet excédant est consacré aux
dépenses de luxe et improductives, l'autre est épargnée et
retourne à la production. Ce sont ces derniers produits
que nous désignerons plus spécialement sous le nom de
capital, adoptant ainsi la définition de Rossi : « le capital
est tout travail épargné et destiné à la reproduction. »

Il n'y a pas de travail fécond sans le secours du capital.
Depuis l'industriel qui dirige de vastes usines, jusqu'au
chiffonnier qui a besoin d'une hotte et d'un crochet pour

l'exercice de son métier, nul ne peut se passer de capital. S'il manque, l'industrie languit, son abondance est la condition nécessaire de la prospérité de l'industrie et du commerce. A mesure que la science fait progresser l'industrie et perfectionne les instruments de travail, son outillage devient plus coûteux, son exercice exige plus de capital. Or, l'industriel, le plus souvent, n'est pas un capitaliste : tandis que le plus grand nombre ne possède pas de capital, quelques-uns en ont plus qu'il n'est nécessaire à leurs besoins, plus qu'ils ne peuvent ou ne veulent en utiliser par eux-mêmes. L'industriel s'adresse à ces derniers, et en échange de l'usage du capital nécessaire à son industrie, il leur donne une partie du produit. Cette association du capital et du travail peut se présenter sous plusieurs formes ; si les parties conviennent que chacun touchera une fraction déterminée du produit, c'est un contrat de société ; si le capitaliste voulant éviter l'aléa de cette convention, stipule une somme fixe payable chaque année, c'est un prêt à intérêt ; c'est ce dernier contrat que nous devons spécialement étudier.

2. — Le rôle du prêt à intérêt est de distribuer le capital partout où il est nécessaire : il rend service à la fois au capitaliste et à l'industriel. Le premier, en effet, n'a nul intérêt à garder son capital improductif, et en outre exposé aux chances de perte de vol, d'incendie ; le prêt lui fournit le moyen de se décharger de ces risques et en même temps de tirer profit de l'utilité que son capital peut présenter pour d'autres. Le capitaliste doit donc chercher un em-

prunteur comme l'industriel cherche un prêteur. Le capitaliste compare l'avantage qu'il a à se décharger de la garde de son argent et la privation qu'il s'impose avec l'intérêt qu'il doit retirer de son prêt ; les conditions du marché lui semblent-elles bonnes, il offre ses capitaux. L'industriel, de son côté, compare l'utilité qu'il peut retirer du capital avec l'intérêt qui en est exigé ; s'il y trouve avantage, il demande des capitaux. Les variations du rapport de l'offre à la demande correspondent à des variations du taux de l'intérêt.

Nous avons ainsi déterminé un des éléments de l'intérêt, celui qui est le prix de l'utilité du capital, qui varie selon l'état du marché, augmentant d'autant plus que le capital est plus demandé et l'industrie plus prospère. Mais il y a un autre élément, souvent plus considérable que le premier. Tous les prêts sont loin de présenter, pour le capitaliste, la même sécurité : l'emprunteur peut n'être pas honnête, manquer de prudence, enfin une crise commerciale peut survenir qui déjoue les calculs les mieux établis ; ce sont autant de dangers dont le capitaliste s'indemnise, en exigeant sous forme d'augmentation d'intérêt, une prime, qui doit s'élever d'autant plus que les risques sont plus grands.

Ajoutons, comme élément accidentel de l'intérêt, la commission, qui représente pour les banquiers les frais nécessités par leur industrie ; mais en fait, ce désavantage est compensé par les facilités qu'ils ont pour trouver de l'argent à bon marché.

Section II. — *Légitimité de l'intérêt.*

3. — De cette analyse de l'intérêt résulte sa légitimité, si l'on admet que toute privation qu'on s'impose, tout risque qu'on court pour rendre service à autrui mérite salaire ; et cependant cette légitimité a été longtemps, et même de nos jours, vivement contestée. Aristote, le premier, contesta la légitimité de l'intérêt en s'appuyant sur le célèbre argument de la stérilité de l'argent. L'argent est par lui-même stérile : l'emprunteur ne peut rien en retirer « *nummus non gignit nummum.* » Donc le prêteur qui, outre la restitution de l'argent prêté, exige un profit, s'enrichit aux dépens d'autrui. »

Aristote distinguait les acquisitions naturelles, domestiques, dont l'objet est la satisfaction de nos besoins naturels, et les acquisitions dérivées, commerciales, dont l'objet est un accroissement de fortune indéfini. L'argent est destiné à l'échange, qui seul peut le rendre utile : le prêter pour en retenir les intérêts, c'est le détourner de sa destination naturelle, en retirer un bénéfice dans un emploi ou il ne peut être que stérile. Il n'est pas besoin d'insister sur ce qu'a d'arbitraire la distinction proposée par Aristote, sur le peu de fondement d'une division de choses, dont chacune aurait son emploi déterminé, et ne serait productive que dans cet emploi. Le blé, par exemple, peut être consommé par son propriétaire, ou échangé, ou vendu, ou prêté : ce sont là des destinations bien diverses, et dont chacune a son utilité. De même, l'argent n'est pas utile seulement quand il remplit le rôle d'instrument d'échange : prêté, il est stérile si l'emprunteur ne sait en tirer parti ; mais si nous laissons de côté le cas exceptionnel du prodigue qui emprunte pour faire des dépenses improductives, le plus souvent l'argent est appelé à fructifier entre les mains de l'emprunteur, en lui permettant d'étendre ses affaires et d'augmenter ses profits : à ce titre, l'argent est véritablement frugifère.

Bentham n'a pas eu de peine à réfuter cette singulière théorie d'Aristote : « ce philosophe malgré sa pénétration, malgré les peines toutes particulières qu'il s'était donné pour éclaircir la question de la génération, ne put jamais découvrir dans aucune pièce de monnaie, quelqu'organe qui la rendît propre à en engendrer une autre. D'où il tira la conséquence que l'argent est stérile. Mais si une darique ne peut engendrer une autre darique, on peut avec elle acheter un bélier et une brebis qui laissés ensemble, doivent probablement au but de l'année, produire deux ou trois agneaux : et ayant vendu l'un pour rembourser la darique, on se trouve avec le surplus être plus riche que si on n'avait pas contracté. »

Les canonistes, regardant la gratuité du prêt comme imposée par des textes de l'Évangile, attaquèrent vivement le prêt à intérêt. Ils reprirent l'argument de la stérilité de l'argent, soutenant que si l'argent permettait de réaliser des bénéfices, c'était grâce au travail de l'emprunteur et non grâce à l'argent qui est stérile.

Sans doute, le capital ne produit rien, s'il n'est fécondé par le travail : mais aussi sans le capital, l'industriel ne peut réaliser de bénéfices considérables ; le travail et le capital concourant à la production, l'un et l'autre ont droit à une part du produit.

Les canonistes soutenaient aussi que la gratuité est de l'essence du prêt. L'argent, disaient-ils, n'est pas susceptible de louage, puisqu'on ne peut en user qu'en l'aliénant. On ne peut que le prêter ; or le prêt est essentiellement gratuit. Dans le contrat de vente, exiger un prix est légitime, parce que l'acheteur reçoit un équivalent : dans le louage, le bailleur est tenu de fournir au locataire l'usage de sa chose : celui-ci doit payer cet usage. Mais dans le prêt à intérêt, on ne peut dire que l'intérêt est le prix de l'usage de la chose, puisque ce contrat transfère la propriété que le débiteur est devenu propriétaire de la somme prêtée. La propriété renferme l'usage : on ne peut faire payer au propriétaire l'usage de sa propre chose.

Comment des jurisconsultes ont-ils pu se laisser tromper par de telles subtilités ? Ils reconnaissent qu'il est légitime de faire payer l'usage de sa chose, mais lorsqu'on abandonne plus que l'usage, la propriété entière, on ne pourrait rien demander en retour !

Il est vrai, et les canonistes insistaient sur ce point, que l'emprunteur devenant propriétaire, a la charge des risques de perte et de vol, tandis que dans le louage, les risques sont pour le bailleur ; mais cet avantage pour le préteur n'est-il pas largement compensé par les risques que lui font courir l'imprudence ou la mauvaise foi de l'emprunteur ? Si, malgré la responsabilité qu'il encourt, l'emprunteur consent à traiter, c'est qu'il regarde ces chances mauvaises comme compensées par l'utilité du prêt.

Enfin, encore aujourd'hui, la légitimité de l'intérêt est niée par l'école socialiste. La gratuité du crédit était la thèse favorite de Proudhon. Selon lui, le salaire de l'ouvrier doit être tel, qu'il puisse racheter avec ce qu'il reçoit, l'intégralité du produit qu'il a travaillé. D'où le nom de mutuellisme donné à ce système : c'est le régime de l'échange possible entre le salaire de l'ouvrier et le produit qu'il a fabriqué. Du mutuellisme découle la gratuité du crédit, car l'ouvrier devant prélever tout le bénéfice de la fabrication, aucune part ne reste pour rémunérer le capital.

Ce système n'est du reste qu'une conséquence des théories générales de Proudhon ; s'il veut que tout le produit soit attribué à l'ouvrier, s'il n'admet pas de rémunération du capital, c'est que, selon lui, la propriété n'est légitime que dans la mesure des besoins du propriétaire, et que celui-ci, en prêtant son argent prouve qu'il n'en a pas besoin.

Ce système ne s'attaque pas seulement à l'intérêt : il est la négation même du droit de propriété. La propriété est indépendante du besoin qu'on en a : fruit du travail et de l'épargne, le propriétaire a sur elle un droit absolu et sans réserve. Est-il admissible, que celui qui a travaillé, qui s'est privé pour épargner, ait sur son capital moins de droits que le premier venu ? Un tel système se réfute de lui-même.

Les doctrines plus récentes des collectivistes méconnaissent aussi à la fois la légitimité de l'intérêt et celle de la propriété.

Karl Marx donne du capital une définition très heureuse ; le capital est du travail cristallisé. Mais, selon lui, le capital est inerte, improductif par lui-même, et l'ouvrier seul, peut par son travail, en dégager la puissance. Toute l'utilité est produite par l'ouvrier, tout le produit doit lui appartenir, le capitaliste n'a droit à aucune rémunération.

L'ouvrier, dit-il, prenant au pied de la lettre les théories de l'école anglaise sur la population et le salaire nécessaire, l'ouvrier ne reçoit jamais comme salaire, que juste ce qui est nécessaire à la subsistance : en échange, le capitaliste reçoit toute la puissance productive de l'ouvrier. L'ouvrier produit plus qu'il n'est nécessaire à ses besoins : ce surplus ne lui est pas payé et constitue la plus-value que le capitaliste prend tout entière. Les progrès de l'industrie augmentent-ils les bénéfices, l'ouvrier continue à recevoir le strict nécessaire, et l'augmentation des bénéfices est tout entière pour le capitaliste. La plus-value est l'origine du capital, origine illégitime, et qui justifie le retour du capital à l'ouvrier, la confiscation par l'État du capital, des instruments de production.

Karl Marx méconnaît la part du capital dans la production ; si sans l'ouvrier le capital est improductif, sans le capital le travail de l'ouvrier n'est pas fécond : le service rendu par le capitaliste doit donc être payé.

Un autre collectiviste allemand, Lasalle, part également de cette loi de salaire, qu'il appelle une loi d'airain, et que, selon lui, le capital fait peser sur l'ouvrier. Pour délivrer ce dernier, il faut que l'État reprenne le capital pour se faire le banquier des sociétés ouvrières, leur prêtant des capitaux, à mesure qu'elles en auront besoin. Dans un tel système, il ne peut être question d'intérêt. L'élément de l'intérêt qui représente le loyer du capital était inique, et l'État ne saurait le réclamer : quant aux risques du prêt, Lasalle les supprime ! L'abolition des risques résulte dans son système, de la suppression de la concurrence, l'État ne subventionnant qu'une association ouvrière par branche d'industrie.

Est-il besoin d'insister sur ce qu'a de chimérique un tel système ? Quoi, l'Etat se fera le banquier des sociétés ouvrières leur donnant de nouveaux capitaux, quand elles auront gaspillé les premiers ! Supprimer la responsabilité de chacun, n'est-ce pas supprimer en même temps le contre poids nécessaire de la paresse et de la négligence naturelles à l'homme ? Assurer contre la banqueroute, tout en laissant la chance de grands bénéfices, n'est-ce pas jeter fatalement toutes ces associations dans des spéculations effrénées ?

Enfin Lasalle prétendant abolir les risques, ne s'aperçoit pas qu'ils n'ont pas pour cause unique la concurrence,

mais souvent le manque d'intelligence ou de zèle des indus-
triels. D'ailleurs, comment supprimer la concurrence? Il y
aura dans toutes les villes importantes des industries simi-
laires et pour les empêcher de répandre leurs produits
d'une ville dans l'autre, il faudrait hérisser le pays de bar-
rières de douanes ! Ce système est aussi impossible dans la
pratique, qu'il est irrationnel en théorie.

SECTION III. — *Du maximum et de la liberté de l'intérêt.*

4. — Après avoir établi la légitimité de l'intérêt, nous
arrivons à la partie capitale du sujet, à une question qui
partage encore les meilleurs esprits : le législateur doit-il
laisser toute liberté, en matière de prêt, à la convention des
parties, ou bien doit-il fixer un maximum, et interdire toute
stipulation d'intérêts plus élevés ?

Nous répondons que l'intérêt étant essentiellement variable, comme le loyer de l'argent qui dépend du rapport
de l'offre à la demande, comme les risques qui varient
dans chaque espèce, le législateur ne peut pas plus établir
de maximum pour le prix de l'argent que pour celui de
toute marchandise ; qu'il doit laisser les parties débattre les
conditions du contrat, sans entraver en rien leur liberté.

5. — Nul ne méconnaît le principe que nous posons,
en ce qui concerne les marchandises : l'effet produit par les
lois insensées de la convention sur le maximum en fournit
une preuve irrécusable. Malgré les peines terribles édictées

contre les « accapareurs », on cacha les grains plutôt que de les vendre à vil prix ; la rareté et le prix des produits s'accrurent encore. Pourquoi l'argent serait-il traité autrement que les marchandises ? Les mêmes causes qui influent sur le prix de ces dernières, influent aussi sur celui de l'argent. Son abondance ou sa rareté, le besoin qu'on en a, en sont les éléments. Il y a de plus un élément très variable, qui influe beaucoup sur le prix de l'argent, tandis qu'il n'existe pas pour la vente des marchandises, c'est ce qu'on appelle le crédit personnel. Un marchand vend une même marchandise le même prix, à tout acheteur : le capitaliste ne prête pas au même taux à tout emprunteur. La solvabilité de celui-ci, son intelligence, l'emploi qu'il doit faire de la somme, tout cela entre en ligne de compte. Vouloir faire abstraction des circonstances de chaque espèce, et imposer un maximum, nécessairement trop bas pour un certain nombre de prêts, c'est aller contre la nature des choses, c'est vouloir l'impossible.

Cette théorie de l'intérêt est irréfutable, et n'a jamais été sérieusement contestée. Mais on prétend que dans la pratique, les résultats ne sont plus ceux qu'indique la théorie. Ainsi les risques que court le prêteur peuvent être presqu'annihilés : il y a une série de contrats, dits de garantie, cautionnement, gage, hypothèque, qui permettent, lorsqu'on a des doutes sur la solvabilité de l'emprunteur, de prendre toutes les sûretés possibles (1). La théorie indique que

1. *Chambre des députés.* Séance du 27 janvier 1874, rapport de M. Lacaze sur le projet de loi Limperani.

le loyer de l'argent varie selon l'abondance ou la rareté du capital? Mais depuis 1807, l'intérêt a été, d'une façon à peu près immuable, fixé à 5 pour 100 en matière civile, et 6 pour 100 en matière commerciale : ce taux a traversé toutes les variations du cours de l'argent, sans que personne ait songé à s'en plaindre, et demandé qu'il fût modifié. N'est-ce pas la preuve que l'intérêt normal est resté sensiblement stationnaire, quelle que fût l'abondance de l'argent (1) ?

La réponse à ces objections est facile. Tout le monde n'est pas en position de donner à son créancier une caution ou une hypothèque, et cela est d'autant plus difficile au débiteur qu'il est plus embarrassé, que l'emprunt lui est plus nécessaire. Le remède proposé n'est donc pas applicable là où il serait le plus utile, n'étant pas le plus souvent à la portée de ceux qui auraient besoin de compenser par des garanties, le peu de solvabilité qu'ils présentent.

Quant à vouloir tirer de la longue existence de la loi de 1807, la preuve que le taux de l'intérêt n'a pas varié depuis cette époque, ce serait méconnaître un fait bien établi par les statistiques et par les enquêtes ; la loi de 1807 est constamment violée. Les poursuites ponr faits d'usure n'atteignent qu'un chiffre dérisoire, environ 10 condamnations par an. D'autre part, voici, parmi beaucoup d'autres, le résultat d'une enquête faite en 1845 auprès des conseils généraux: « 57 départements font connaître que les

______

1. Rapport de M. Lacaze.

emprunts n'y peuvent être contractés, qu'à un taux toujours supérieur au taux légal, soit par des conventions usuraires, soit par suite des frais indispensables. Pour la Creuse, le taux réel pour les petits emprunts s'élève quelquefois jusqu'à 100 pour 100. »

Le maintien d'une loi aussi généralement violée ne saurait en rien prouver la fixité du taux de l'intérêt. Ajoutons que la force de l'habitude, la routine qui s'oppose toujours aux changements les plus nécessaires, expliquent suffisamment le maintien d'un taux, qui a été tantôt supérieur, tantôt inférieur au taux normal.

6. — Indépendamment de ces considérations économiques, nous pouvons invoquer à l'appui de notre opinion, le grand principe de droit de la liberté des conventions. Non pas que nous voulions en faire une règle absolue, sans exceptions : le législateur a certes le droit de régler les conventions, d'imposer certaines restrictions, de méconnaître même dans une certaine mesure, en matière d'expropriation par exemple, le droit de propriété. Mais de telles restrictions doivent être imposées par une nécessité d'ordre public, justifiées par l'intérêt général ; et surtout il faut accorder un dédommagement à ceux dont les droits sont violés. Nous espérons prouver que la loi de 1807 n'est pas favorable à l'intérêt général, au contraire : nous ne pouvons voir dans un contrat de prêt, consenti librement et sans fraude, rien de contraire à l'ordre public : surtout nous repoussons l'argument d'analogie qu'on a prétendu tirer de l'expropriation.

Défendre au capitaliste, qui trouve à retirer légitimement 10 pour 100 de son argent, d'en retirer plus de 5, c'est l'exproprier de la moitié de la jouissance de sa chose : mais en oubliant un principe protecteur de l'intérêt privé, en l'expropriant sans indemnité. Il n'y a là qu'un abus de pouvoir du législateur ; ce n'est pas une expropriation, c'est une spoliation. Cette atteinte au droit de propriété suffirait à faire repousser le système que nous combattons ; car, ainsi que le faisait déjà remarquer Turgot, « l'intérêt est légitimé par un principe plus général et plus respectable que son utilité ou sa nécessité pour le commerce : parce qu'il est la base sur laquelle repose tout l'édifice des sociétés, je veux dire par le droit irrévocable attaché à la propriété d'être maître absolu de sa chose, de ne pouvoir en être dépouillé que de son consentement et de pouvoir mettre à son consentement telle condition qu'on juge à propos. » De plus, des dispositions comme l'expropriation sont prises dans l'intérêt commun : pénible peut-être à l'exproprié dans une circonstance donnée, elle lui sera profitable dans mille autres. Au contraire, la loi que nous combattons favorise les débiteurs, aux dépens des créanciers, tenus tous en suspicion pour les méfaits de quelques uns ; elle intervient en faveur des uns, les autres ne devant jamais retirer de la loi aucun avantage.

On répond que ce n'est pas mettre obstacle à la liberté des conventions, d'empêcher qu'une des parties s'enrichisse demesurément aux dépens de l'autre. C'est ainsi que dans la vente d'immeubles, la loi s'opposant à ce que l'acheteur profite de la détresse du vendeur pour acheter à vil prix, admet la révision du contrat pour cause de lésion.

L'analogie qu'on veut établir entre ces deux dispositions n'existe pas. L'acheteur qui abuse de la détresse de son vendeur pour acheter à un prix inférieur des 7/12 à sa valeur réelle, commet toujours un acte répréhensible : c'est toujours un contrat entaché d'une sorte de dol, qu'annule la loi. Peut-on en dire autant de l'emprunteur qui exige un intérêt supérieur au taux légal? Tantôt oui, tantôt non, tout dépend des circonstances. 5 pour 100 peut être un intérêt trop élevé; peut-être un taux de 15 pour 100, 20 pour 100, est-il à peine rémunérateur, à une époque où le capital est rare, et le remboursement mal assuré.

Est-ce à dire que prêter à un taux quelconque soit toujours légitime ? Non certes, on ne peut méconnaître qu'à côté du droit, il y a l'abus ; que ceux qui exercent ce qu'on a appelé justement la piraterie de l'argent ne sont dignes d'aucune pitié. Nous ne voulons pas à l'exemple de Benthans plaindre les créanciers et réserver pour les débiteurs toute notre sévérité; rechercher si le débiteur n'est pas le complice ou même le promoteur du délit de l'usure. Il y a des victimes de l'usure, c'est incontestable : qu'on cherche à les soulager, nous y souscrivons volontiers. Mais qu'on cherche à détruire l'abus, sans violer des droits respectables, et qu'on ne maintienne plus une loi toujours impuissante contre les usuriers, efficace seulement contre ceux qui veulent bien la respecter !

7. — L'expérience a démontré maintes fois l'inanité des

lois sur l'usure ; ce qu'elles n'ont jamais obtenu, la liberté seule peut le donner dans la mesure du possible. L'unique remède vraiment efficace contre l'usure, c'est le bon sens des emprunteurs, dont l'intérêt est en jeu, et qui sauront bien refuser des conditions trop onéreuses. L'emprunteur, dit-on, n'est pas libre : s'il a un besoin pressant d'argent, il ne se laissera pas arrêter par la crainte lointaine d'être ruiné par le paiement de gros intérêts ; le taux exagéré qu'on voit chaque jour accepté par des débiteurs aux abois, ne prouve que trop qu'ils ne sont pas libres ! Les prêteurs d'argent sont en petit nombre, et comme le plus souvent on se cache pour emprunter, on n'est pas libre de choisir le moins avide, on est réduit à subir toutes les exigences. N'est-ce pas le devoir du législateur de protéger les faibles, d'empêcher qu'on n'exploite leur malheur ?

Sans doute la loi doit défendre les faibles : qu'elle protège les mineurs, les femmes, rien de mieux, mais elle ne peut prétendre tenir tous les hommes en tutelle perpétuelle ; si le sentiment de leur intérêt n'est pas assez fort pour triompher de leurs passions, ils sauront toujours s'affranchir de la protection que la loi voudrait leur imposer. Cette protection d'aillleurs, aboutirait à empêcher tout emprunt, pour celui que sa position embarrassée empêche de trouver prêteur aux conditions de la loi. Nos adversaires s'en applaudissent. Que de fois un emprunt fait par un négociant près de faire faillite, n'a servi qu'à rendre sa ruine plus complète ! Cela peut être, comme aussi un négociant momentanément embarrassé peut être sauvé par un emprunt fait en temps opportun ; et en ce cas le taux de l'intérêt est de peu d'importance. Le législateur sort de ses attributions lorsqu'il vient, sous prétexte de le sauver, enlever à un malheureux sa dernière ressource. Sans doute l'emprunteur peut se tromper, se laisser aller à un espoir chimerique ; mais s'il n'est pas capable de juger sainement, le législateur l'est encore bien moins, obligé qu'il est de procéder par voie de réglementation générale, de déclarer l'emprunt avantageux au-dessous de 6 pour 100, ruineux au-dessus.

8. — Quant à considérer les emprunteurs comme étant à la merci des prêteurs, nous ne saurions l'admettre. Ceux-ci se font concurrence entre eux, ce qui les empêche de demander de trop gros intérêts. Si dans les campagnes les créanciers jouissent d'un véritable monopole, la faute en est au législateur, qui écartant les capitalistes honnêtes et respectueux de la loi, laisse le champ libre aux seuls usuriers. Tous ceux qui prêtent au-dessus du taux légal sont flétris par l'opinion publique du nom d'usuriers, exposés à passer en police correctionnelle ; ceux, peu nombreux, qui consentent à faire un pareil métier, ont toute latitude pour faire payer aux malheureux débiteurs, la réprobation qu'ils encourent, les poursuites auxquelles ils s'exposent. Les dures conditions qu'ils exigent se trouvent en quelque sorte légitimées par les obstacles que la loi leur suscite, et que ferait cesser la liberté.

9. — Le commerce de toute marchandise est libre ; chacun peut débattre les conditions du marché au mieux de ses intérêts, on ne fait exception que pour la marchandise

par excellence, l'argent ! On peut prêter soit un corps certain, soit du blé aux conditions les plus onéreuses : mais dès qu'il s'agit d'argent, c'est la loi qui vient déterminer les conditions du contrat ! Le bon sens proteste contre une telle distinction.

Les métaux précieux ont comme toute marchandise une valeur intrinsèque ; l'empreinte de l'État en change-t-elle la nature ? Ce n'est certes pas l'État qui donne à la monnaie sa valeur : la pièce qu'il frappe a beau avoir toujours la même valeur nominale, sa valeur réelle n'en est pas moins variable, en raison des mêmes faits qui influent sur le prix de toute marchandise.

On a voulu s'appuyer sur certains caractères particuliers de l'argent pour nier qu'il fût une marchandise, ou du moins une marchandise ordinaire. La monnaie, nous le reconnaissons sans peine, est une marchandise d'un ordre tout spécial, mais ne motivant en rien la conséquence qu'on prétend en tirer. A la différence de toute autre marchandise, l'argent, a-t-on dit, a, d'après la loi, le pouvoir libératoire : c'est l'instrument des transactions, il est donc nécessaire de s'en procurer à tout prix. D'autre part, on ne peut garder indéfiniment des marchandises : elles se détériorent, encombrent, ne peuvent facilement s'accumuler. Rien de pareil pour l'argent ; il ne se détériore pas, son accumulation en grandes quantités est toujours facile ; si celui qui n'en a pas peut être dans la nécessité de s'en procurer, celui qui en a, n'est jamais dans la nécessité de s'en défaire. Il n'y a donc pas égalité entre le capitaliste et l'emprunteur ; en protégeant le débiteur, la loi, loin de faire pencher la balance en faveur d'une des parties, ne fait que rétablir l'équilibre.

Oui, l'argent, en raison de son pouvoir libératoire, est une marchandise d'un ordre tout particulier ; mais est-ce une raison pour le mettre hors du droit commun, pour en entraver le commerce ? Le besoin qu'en ont les uns, n'est-il pas compensé par le besoin qu'ont les autres d'en tirer parti en le plaçant. Le plus grand nombre des marchandises n'est pas tellement encombrant, tellement destructible que le commerçant ne puisse attendre le moment favorable pour s'en défaire. C'est ce que fait aussi le capitaliste ; mais il est suffisamment stimulé par la crainte de perdre plusieurs mois d'intérêts, et il n'est pas à craindre qu'il garde indéfiniment son argent.

10. — Si l'on admettait cette prétendue supériorité du capitaliste en matière de prêt d'argent, on serait logiquement conduit à la reconnaître dans bien d'autres contrats et à restreindre la liberté des conventions beaucoup plus que ne le voudraient le plus grand nombre de nos adversaires. Entrer dans cette voie, c'est ouvrir la porte à toutes sortes de réclamations ; le fermier pourra se plaindre de l'élévation de son fermage, l'ouvrier d'être opprimé par le patron, tous demanderont au législateur d'intervenir en leur faveur. On n'est que trop porté en France à tout attendre de l'État, et on ne saurait trop réagir contre cette tendance, en ne demandant jamais à l'État plus qu'il ne peut et ne doit donner. Ne voyons-nous pas depuis quelque

temps un certain nombre de publicistes chercher à agiter l'opinion avec ce qu'ils appellent pompeusement « la question des loyers » et demander l'intervention de l'État au profit du locataire?

Leurs arguments, il faut le reconnaître, ne sont pas sans quelque force, puisque ce sont les mêmes qui ont fait triompher le principe de la loi de 1807, et une fois entrés dans la voie de la réglementation, ils sont logiques en voulant aller jusqu'au bout.

On dit : l'argent est si nécessaire qu'il faut s'en procurer à tout prix ; ce n'est certainement pas pour la matière en elle-même qu'il est si précieux, mais comme moyen de subvenir à nos besoins. Or qu'y a-t-il de plus indispensable qu'un logement? Se loger est tellement nécessaire, que la loi en fait un devoir, sous peine d'être traduit comme vagabond, en police correctionnelle.

Dans les grandes villes, il faut le plus souvent se loger dans un quartier déterminé, rapproché du centre de ses affaires, quel que soit le prix des loyers dans ce quartier.

On prétend que les capitalistes jouissent d'une sorte de monopole ; ne peut-on le dire à plus juste titre des propriétaires? Quand le capital est rare et demandé sur un point, il a une tendance naturelle à s'y porter. Au contraire, le territoire d'une ville est limité : quand la population augmente sans cesse, la demande des logements croît plus vite que l'offre, et le prix des loyers subit une progression constante.

Le propriétaire peut toujours augmenter ses loyers et

attendre jusqu'à ce qu'il trouve le prix exigé. Si le locataire ne veut pas subir une augmentation de loyer, il lui faut perdre du temps pour trouver un nouveau local, faire les frais du déménagement, payer des réparations ; n'y a-t-il pas là un ensemble de circonstances qui pèsent sur la volonté du locataire, et dont le bailleur doit être tenté d'abuser, en exigeant un loyer véritablement usuraire ?

Enfin, le propriétaire ne court que peu de risques, il ne peut perdre que quelques termes de loyer, tandis que le prêteur risque son capital : l'*aléa* est donc infiniment plus grand et plus variable dans le prêt à intérêt, et à ce point de vue, il serait moins déraisonnable de vouloir fixer le taux des loyers, que celui de l'argent. La réponse à ces arguments est celle que nous avons donnée pour le prêt. A moins de nier le droit du propriétaire, il faut lui permettre de tirer tout le profit possible de sa chose pourvu qu'il ne commette ni fraude, ni dol. Si l'accroissement de la population élève le taux des loyers, il y a là pour le propriétaire un gain résultant de la nature des choses, il a fait une spéculation heureuse et légitime, dont il n'appartient pas au législateur de limiter les bénéfices.

Si quelques propriétaires consentent à perdre plusieurs termes de loyer dans l'espoir de louer plus cher, ils font un mauvais calcul et le plus grand nombre préférera toujours toucher sans interruption des loyers non exagérés.

11. — Disons enfin que nous avons eu, il y a peu d'années, l'exemple de la substitution de la liberté à la réglementation. S'il est un produit de première nécessité,

c'est bien le pain, et ce n'est pas sans appréhension qu'on a supprimé la taxe de la boulangerie. Le résultat a donné tort aux alarmistes ; le pain n'a pas renchéri.

Section IV. — *Effets de la liberté et du maximum.*

12. — Nous avons cherché à établir rationnellement que le principe de la liberté des conventions devait être respecté en notre matière ; il nous reste à insister sur les conséquences de cette liberté, et tout d'abord à nous demander quelle influence elle pourrait avoir sur le taux de l'intérêt. Le taux en serait-il élevé ou abaissé, pour beaucoup de jurisconsultes, toute la question est là. Il serait téméraire, à notre avis, de répondre d'avance à cette question, mais le résultat dût-il être la hausse de l'intérêt, il n'en serait pas moins utile de proclamer la liberté du prêt. La loi de 1807 abrogée, beaucoup de personnes, qui, actuellement ne veulent pas violer la loi, celles qui s'abstiennent de prêter par crainte des poursuites judiciaires, prêteront ; d'autre part, tous ceux qui, n'ayant pas un besoin pressant d'argent s'abstiennent, plutôt que de faire les frais de contrats clandestins et de s'adresser à des usuriers, emprunteront. L'offre et la demande, les deux termes du rapport qui détermine le taux croissant tous deux, lequel s'élèvera le plus ? Nous pensons que le régime actuel écarte plus de prêteurs que d'emprunteurs. Comme on l'a dit, la liberté multiplierait les usuriers, ce qui est précisément le

moyen de combattre l'usure ; plus il y en aura, et plus la concurrence les forcera à abaisser leurs prétentions. Si cette hypothèse se réalisait, on ne pourrait que s'applaudir de voir ceux qui ont besoin du capital, le trouver à bon marché. Si au contraire, le taux s'élève, ce sera la preuve que la restriction gênait les emprunteurs plus que les prêteurs, que beaucoup de personnes qui se privaient de capitaux, peuvent s'en procurer, grâce à la liberté.

Faut-il se plaindre de ce que la circulation de l'argent augmente, la conséquence ne sera-t-elle pas de donner à l'industrie une impulsion nouvelle ? La France n'est pas un de ces pays sans commerce et sans industrie, où les capitaux trouvent difficilement un emploi fructueux. Si la facilité du crédit devait produire quelques mauvais effets particuliers, toujours plus ou moins imputables à ceux qui en sont les victimes, pourrait-on les mettre en balance avec l'intérêt général de notre industrie ? L'État ne peut faire, que l'entrepreneur trouve un capitaliste, lui prêtant à un taux déterminé, il ne peut qu'une chose : empêcher le capital d'aller à l'industrie et c'est toujours celle-ci qui en souffre : elle a besoin de capital, et mieux vaut pour elle le payer cher que de ne pas en avoir. Ajoutons que le payement d'un intérêt élevé ne fait que déplacer une valeur. Au contraire le transfert d'un capital implique en général double création de richesse : pour le capitaliste qui en tire profit, et surtout pour l'entrepreneur qui en tire un meilleur parti que n'eût su le faire le prêteur.

13. — On objecte que l'intérêt s'élèvera, mais sans

profit pour l'industrie ; ce sont les paysans, dit-on, qui profiteront de la facilité du crédit pour emprunter à gros intérêt et acheter de la terre rapportant moins que les intérêts à payer, ce qui les ruinera à bref délai : et on fait l'effrayante prédiction du retour de cette usure qui fut la plaie de la société romaine, et qu'on a vu reparaître en France pendant la Révolution.

Nous verrons dans notre étude historique, qu'il faut chercher dans l'organisation de la société romaine dans sa politique aggressive, la cause de l'usure à Rome : que si l'usure fut si terrible, ce ne fut pas faute de lois répressives : mais ces lois impuissantes sur les causes de l'usure devaient rester sans effet : ajoutons que les rigueurs barbares déployés contre les débiteurs insolvables suffisent à expliquer les luttes, qui périodiquement ensanglantaient le forum.

En France au lendemain d'une révolution qui venait de bouleverser les fortunes, de longues guerres qui avaient absorbé d'énormes capitaux, les capitalistes pouvaient être en mesure de faire la loi aux emprunteurs. Peut-on comparer cette situation à la situation actuelle : les chiffres toujours croissants des dépôts à la Caisse d'épargne ne montrent-ils les progrès incessants de l'épargne, l'abondance des capitaux ?

On redoute que le paysan n'emprunte à des taux exagérés pour acheter de la terre : la passion qu'il avait autrefois pour la possession de la terre se comprenait quand les valeurs mobilières étaient rares ou du moins peu connues dans les campagnes : la terre apparaissait comme la valeur par excellence, presque comme la seule valeur.

Aujourd'hui la crise que font souffrir à l'agriculture une succession de mauvaises récoltes et la concurrence étrangère, de plus en plus difficile à soutenir, sont de nature à tempérer l'enthousiasme des paysans. En même temps que la faveur attachée à la terre tend à disparaître, la fortune mobilière s'accroît sans cesse, comprenant des valeurs de tout repos et qui inspirent une légitime confiance, à la campagne comme à la ville.

On sait combien le Crédit foncier a peu répondu aux espérances fondées sur lui. Le but de sa création était d'amener le capital aux campagnes : au contraire, tandis que ses prêts sont faits presqu'exclusivement aux habitants des villes, le plus grand nombre de ses obligations est souscrit par les campagnes. N'est-ce pas la preuve que le paysan place son épargne en valeurs mobilières plutôt qu'en terres, et peut-on craindre qu'il emprunte pour acheter de la terre, quand il n'y emploie pas ses épargnes ?

Il ne faut accepter que sous bénéfice d'inventaire, cette légende du paysan naïf, qui ne songe qu'à posséder de la terre, sacrifiant à cette manie, ses intérêts les plus évidents. Il y a une chose à laquelle le paysan français tient au moins autant qu'à la terre, c'est l'argent, et il est assez fin pour discerner son véritable intérêt. Si l'inconvénient qu'on redoute se produit encore, c'est un mal trop peu général pour être pris en considération, et qui tendra à disparaître avec le temps, à mesure que se répandra l'instruction.

14. — Les exploitations agricoles manquent de capitaux, nécessaires à une culture savante et productive. Tous les essais de crédit agricole ont été infructueux, et l'agriculture est hors d'état de soutenir la concurrence étrangère. Nous ne pourrions, sans sortir du cadre que nous nous sommes tracé, entrer dans l'examen de cette question : disons seulement, que là surtout la liberté paraît nécessaire, attendu que le taux ne peut être qu'essentiellement variable pour les grands propriétaires et pour les petits, en raison de la valeur de la terre, de sa qualité, de ses besoins, du but des améliorations projetées et qui motivent plus ou moins l'emprunt : de sorte qu'on doit voir dans la loi de 1807, le principal obstacle au succès des tentatives de crédit agricole.

15. — Ainsi les lois sur l'usure ferment au capitaliste ce débouché, au grand détriment de l'agriculture. Les emplois plus fructueux qu'elles ne le permettent ne manquent pas, et sont trop souvent moins profitables à l'intérêt général. Le jeu de bourse se développe sans cesse, absorbant, au détriment de l'industrie, une partie toujours croissante du capital national. La Bourse offre même au capitaliste prudent, qui ne veut pas se lancer dans les spéculations un emploi de ses capitaux sans risque, le report.

Nons devons entrer dans quelques détails sur cette opération, à laquelle nous aurons à revenir dans la partie juridique de cette étude. Lorsque des joueurs à la hausse, acheteurs à terme, comptent que la hausse se produira après l'arrivée du terme, ils cherchent, le jour de la liquidation arrivé, à prolonger leur opération, à en faire reporter la conclusion un mois plus tard.

Si au contraire les vendeurs veulent liquider de suite et exigent que les acheteurs prennent livraison des titres, ceux-ci, ayant besoin d'argent pour s'acquitter, s'adressent à des capitalistes, qui leur achètent les titres comptant et les leur revendent à terme, en gagnant la différence entre le prix du terme et le prix du comptant, et cette différence c'est le prix des reports.

En permettant aux joueurs sans argent de prolonger ainsi leurs opérations, les capitalistes stimulent la spéculation et contribuent à la faire tomber dans ces excès qui amènent fatalement les crises, et en ébranlant tout le marché, compromettent jusqu'au crédit de l'État. Dans les périodes d'activité de la spéculation, le report sur les bonnes valeurs s'élève jusqu'à 12 pour 100 et plus : il est clair que le capital doit se porter de préférence vers un placement, qui avec la même sécurité, donne un profit double, et favoriser les spéculations exagérées au détriment des emplois utiles.

La faculté de se faire reporter ouvre l'accès de la Bourse précisément à ceux qu'il faudrait en écarter à tout prix, à ces petits capitalistes qui ne peuvent lutter à armes égales avec les gros spéculateurs. En effet, pour les uns et les autres, le procédé pour faire la hausse consiste toujours à acheter : mais le spéculateur sans argent ne peut acheter à la fois à terme et au comptant, comme le spéculateur qui dispose de grands capitaux. Il ne peut qu'acheter à terme, en se faisant reporter à la fin de chaque mois. Mais ces achats élèvent le cours du terme sans élever celui du comptant, et par suite ils élèvent la différence entre le prix du terme et celui du comptant, c'est-à-dire précisément le report. Si les capitaux n'étaient attirés dans les reports, et par leur concurrence n'en abaissaient le taux, le joueur sans argent ne pourrait continuer longtemps de telles opérations.

16. — Si le report qui n'est qu'un placement temporaire, ne convient pas au capitaliste, la Bourse lui offre en abondance des placements à gros revenus, dans des fonds d'État ou des valeurs étrangères de pays n'admettant pas de maximum d'intérêt. Que d'emprunts d'État, de valeurs industrielles étrangères viennent solliciter nos capitaux par l'appât de gros revenus, et quelles sommes ont été englouties dans ces placements au lieu de féconder notre industrie nationale ! Une part de responsabilité n'incombe-t-elle pas au législateur, qui fermant aux chercheurs de placements aléatoires, une source de profits légitimes, les incite à engloutir leur épargne dans les entreprises sans avenir qu'offrent les faiseurs étrangers?

17. — Une des plus funestes conséquences du système actuel, c'est la réelle infériorité qui en résulte pour le commerce français dans ses rapports avec les négociants étrangers. Voici parmi de nombreuses pétitions demandant l'abrogation de la loi, celle de la Chambre des négociants commissionnaires : « nos clients trouvant l'emploi des capitaux qu'ils nous doivent à un taux, d'intérêt plus

élevé que celui qu'ils nous paient, n'hésitent pas à différer
le plus possible l'envoi de leurs remises pour bénéficier de
cette différence. C'est ainsi que nos opérations demandent
un capital plus important que celui qui serait réellement
nécessaire, et que ce capital se trouve exposé plus longtemps qu'il ne devrait, au hasard des évènements et aux
risques des revers de fortune.

18. — Arrivons à une objection qui a été formulée par
Adam Smith : selon lui, avec le limitation de l'intérêt, on
ne prêterait qu'à bon escient sur bonnes garanties, et il
ajoute : « Si le taux légal dans la Grande-Bretagne se
trouvait porté jusqu'à 8 ou 10 pour 100, la plus grande
partie de l'argent destiné à être prêté, le serait aux prodigues et aux hommes à projets, qui seuls consentiraient à
donner un intérêt aussi élevé. Une partie du capital
du pays se trouverait ainsi retiré des mains les plus
capables d'en fait un emploi profitable et avantageux, pour
être livrées à celles qui, selon toute apparence, ne pourraient en faire qu'un mauvais usage. » On reprend cette
objection en disant que la liberté de l'intérêt, devant amener la facilité du crédit, donnera toute latitude aux dissi-
pations des hommes à projets et des prodigues.

Quant à ceux que Smith appelle dédaigneusement les
hommes à projets, il est très contestable qu'on doive entraver systématiquement leurs travaux. Les grandes dé-
couvertes, les progrès de la science sont dus à ces hommes
qu'on affecte de confondre avec quelques fous, gaspillant leur
fortune et celle de quelques naïfs à la recherche d'une pa-

nacée quelconque. Malheureusement on ne peut faire la distinction entre les uns et les autres, et on ne peut que les laisser tous libres, ou susciter à tous les mêmes obstacles. Fulton a, toute sa vie, passé pour un rêveur, on ne lui a pas épargné les railleries : la « folie Fulton » n'en a pas moins été le point de départ d'une grande découverte.

Quant aux prodigues, ils sont bien assez protégés par l'institution du conseil judiciaire : peut-être pourrait-on trouver qu'ils le sont trop. Étant données les nombreuses fraudes que couvre le conseil judiciaire, on pourrait se demander s'il convient de protéger des dissipateurs qui ne peuvent imputer qu'à eux-mêmes leur ruine, aux dépens de ceux qui n'ont rien à se reprocher. Tout au moins ne faut-il pas exagérer cette protection, et en limitant d'une manière générale la liberté des conventions, prétendre mettre sans distinction tout le monde en tutelle.

Bentham va peut-être un peu loin en soutenant que « nul homme parvenu à l'âge de raison, jouissant d'un esprit sain, agissant librement en connaissance de cause, ne doit être empêché, même par des considérations tirées de son avantage, de faire comme il l'entend, tel marché que ce soit, dans le but de se procurer de l'argent et que par conséquent personne ne doit être empêché de lui donner ce qu'il demande, aux conditions qu'il veut bien accepter. » Le législateur n'exerce pas son droit, il nous semble, en édictant par exemple la rescision pour lésion en matière de vente : une mesure analogue et qui ne serait pas plus vexatoire ne nous choquerait pas, en matière de prêt, pour mettre un frein aux gains manifestement excessifs. Tout autre est la loi actuelle, qui met un contrat en interdit, comme si le prêt était le seul moyen de se ruiner, comme si le prodigue ne pouvait tout autant compromettre sa fortune par des achats, des locations, des libéralités hors de proportions avec ses moyens.

19. — Enfin les lois sur l'usure, comme toutes celles qui cherchent à faire violence à la nature des choses, n'ont jamais eu de bons effets : loin de détruire le mal, elles n'ont fait que l'aggraver.

Montesquieu l'a dit : que tous les moyens honnêtes de prêter et d'emprunter soient abolis, et une usure affreuse s'établira. Les lois extrêmes dans le bien font naître le mal extrême ; il faudra payer pour le prêt de l'argent et pour le danger des peines de la loi. Aucune loi ne fera que celui qui trouverait à emprunter 10 pour 100, en raison des circonstances, de son crédit personnel, trouve prêteur à 5 pour 100 : ou on ne prêtera pas, ou on éludera la loi.

Nous avons dit que les lois sur l'usure contribuent à élever le taux de l'intérêt par les obstacles qu'elles mettent aux prêts. Mais il y a plus : en établissant un taux légal, elles accoutument le public à considérer ce taux comme le véritable, et si l'usurier sait bien demander plus, selon les risques courus ou selon son avidité, celui qui emprunte, qui va chercher le prêteur, qui lui demande un service n'ose jamais proposer des intérêts inférieurs au taux habituel et passé dans les mœurs. Ainsi en réalité, ce taux que le législateur voudrait maximum est un minimum, et cette loi, comme toutes celles qui protègent trop et mal à propos, se retourne contre ceux-là même qu'elle a en vue de protéger.

Jamais les lois n'ont pu enrayer les progrès de l'usure : ni à Rome, où les désordres sans cesse renaissants auxquels elle donnait lieu prouvent bien l'impuissance des lois nombreuses édictées contre elle ; ni de nos jours, nous avons déjà eu l'occasion de citer le petit nombre des condamnations prononcées chaque année pour faits d'usure. Il n'est pas un usurier, ayant quelque expérience de son triste métier, qui ne se joue de la loi. Une moyenne de dix usuriers condamnés chaque année en France, voilà le résultat d'une loi qui présente tant et de si graves inconvénients.

20. — N'importe, il faut la maintenir quand même, dit un des orateurs (1), qui ont pris part à la discussion du projet de loi actuel sur l'intérêt : « Des lois répressives existent et on ne les observe pas. Est-ce une raison pour les abroger ? Je ne le crois pas, car vous arrivez à des conséquences vraiment déplorables. Le vol est puni et on vole encore. Faudra-t-il abroger la loi sur le vol ? Est-ce une raison parce qu'une législation n'est pas appliquée pour que la société n'ait pas de lois répressives ? »

Si la loi sur le vol était aussi vaine que la loi sur l'usure, il faudrait non pas laisser les voleurs impunis, mais abroger une loi dont l'impuissance serait reconnue et chercher

---

1. M. Laroze. *Journal officiel* du 12 mars 1882, p. 294.

par d'autres moyens une répression plus efficace. En tout cas, si comme cela arrive pour l'usure, l'effet de la loi était de punir en fait toujours les volés, presque jamais les voleurs, nous aimerions mieux nous passer de lois répressives. Si le législateur ne daigne pas reconnaître son impuissance, les faits n'en sont pas moins là, qui la mettent en lumière, et donnent le spectacle funeste d'une loi dont on peut se jouer impunément.

On insiste, en disant qu'ainsi la morale est satisfaite, et on s'élève contre cette prétention de l'économie politique, de tout subordonner à des considérations d'intérêt matériel, sans tenir aucun compte des lois morales. Certes la morale et l'économie politique ont chacune leur domaine propre, mais elles ne sont pour cela nullement exclusives l'une de l'autre. Avant de mettre en pratique les doctrines qu'enseigne la science de l'utile, le législateur doit certainement chercher si elles ne sont pas contraires à la morale ; mais aussi, il aurait tort de se diriger uniquement d'après des considérations abstraites de morale, sans tenir compte des faits. L'usure est immorale, dit-on, donc il faut la punir. Mais il y a bien d'autres faits qui ne sont pas moins immoraux, et contre lesquels le législateur a reconnu qu'il n'y avait pas lieu de sévir. L'usure n'est pas le seul moyen de ruiner les gens : il n'est pas moins immoral de profiter de leur détresse pour acheter leurs biens à vil prix, et pourtant la loi ne punit pas ce fait. Il doit en être de même de l'usure : c'est un de ces délits qui échappent à l'action de la loi, et ne peuvent relever que de la conscience.

21. — Le législateur lui-même a dû maintes fois répudier le principe qu'il avait posé, devant les monstrueuses conséquences qu'eût présentées son application. Une exception a été faite en faveur de l'Algérie : le taux de l'intérêt y est libre ; cette exception était indispensable. Une loi a dû soustraire la Banque de France à la règle générale. Dès le 1er décembre 1853, Léon Foucher proclamait l'impossibilité pour la Banque, à peine des plus graves conséquences, de se soumettre à la loi de 1807, et il développait les raisons qui ont fait édicter la loi de 1857.

Dans ces crises qui frappent périodiquement le commerce, lorsqu'une panique se produisant, tout le monde se précipite aux caisses des banques pour retirer les dépôts, l'unique remède consiste à faire revenir l'argent de l'étranger. L'intérêt qu'on paie est sans aucune importance, en comparaison des ruines, des faillites qu'on peut éviter : il faut à tout prix ramener la confiance, arrêter promptement une crise qui compromet le crédit public. Le seul moyen, c'est de faire des conditions avantageuses aux capitaux étrangers, c'est d'élever sans hésiter le taux de l'escompte autant qu'il est nécessaire pour faire affluer l'or et rétablir le crédit.

Les principes ont dû plier devant cette nécessité, et une exception a été faite en faveur de la Banque de France.

A cette innovation devaient correspondre des changements dans la jurisprudence. Ce qu'on accordait à la Banque de France ne pouvait raisonnablement être refusé aux autres banques. Le privilège de la Banque lui constitue sur les autres une certaine supériorité : le monopole de l'émission lui permet de créer des billets en quantité indéterminée ; peut-être cet avantage incontestable est-il compensé par la nécessité d'entretenir une imprimerie coûteuse, par le prix dont la Banque a payé son monopole ; enfin les banques particulières trouvent au moyen des dépôts de l'argent à un intérêt minime et peuvent en placer la plus grande partie à un taux rémunérateur. La Banque de France est tenue à plus de prudence, elle doit conserver une forte encaisse, parce que celle-ci, alimentée souvent par les grands établissements du crédit qui déposent à la banque une grande partie de leurs dépôts, est en partie fictive, parce que surtout elle est la suprême ressource en cas de crise ; les autres banques peuvent s'adresser à elle, en cas de besoin, tandis qu'elle ne doit compter que sur elle-même. Mais si le monopole n'empêche pas de faire concurrence à la Banque de France, du moins doit-on mettre celle-ci sur un pied d'égalité avec les autres et ne pas lui accorder en outre de prêter à un taux quelconque, en astreignant ses rivales à un maximum. Il est à remarquer d'ailleurs que la Banque de France n'escompte que le meilleur papier : ses statuts exigent trois signatures solvables. Comment pourrait-on imposer aux autres banques d'escompter du papier moins bon à plus bas prix ? D'autant plus qu'aux époques de crises, les banques privées voient disparaître leurs encaisses, la Banque de France reste le seul réservoir où elles viennent puiser pour satisfaire aux demandes de leurs clients : il est donc de toute nécessité qu'elles puissent élever le taux de l'intérêt en raison de

ce qu'elles doivent payer : aussi la jurisprudence a-t-elle
permis aux banques privées de se régler sur le taux de la
Banque de France, en les autorisant lorsqu'elles font des
avances à leurs clients à retenir, sous le nom de commission extraordinaire, la différence entre le taux de la Banque
et le taux légal.

22. — La jurisprudence a consacré de bien plus importantes dérogations au principe. La commission est souvent un moyen indirect de dépasser le taux légal : la
jurisprudence tolère, notamment dans les comptes courants
des pratiques manifestement usuraires. Ainsi, tant de brè-
ches ont été faites au principe par des lois, par la jurisprudence dont les arrêts tournent si souvent une loi impossible à appliquer, qu'en fait cette loi n'est plus guère en
vigueur qu'en matière civile. L'application stricte de la
loi eût été un obstacle insurmontable pour toutes les grandes entreprises industrielles. Ainsi, on a dû tolérer que
les grandes compagnies émissent des obligations à 300 fr.
rapportant 5 pour 100 et remboursables à 500. N'est-ce
pas l'opération habituelle des usuriers qui vous prêtent
au taux légal 1000 francs et vous font faire un billet de
2000 ? Le Crédit foncier, les villes ont été maintes fois au-
torisées à emprunter au-dessus du taux légal.

23. — Une impérieuse nécessité a soustrait au principe de la loi, le plus gros des débiteurs français, l'État.
Loin d'emprunter à un taux uniforme, il a toujours
dû se conformer aux circonstances, empruntant au-dessous de 5 pour 100 quand son crédit était bien assuré,

dépassant de beaucoup ce taux, quand son crédit était ébranlé.

On a dit que l'État ne ressemblait pas aux autres emprunteurs, qu'il n'était jamais à la merci des capitalistes. Il est vrai que les particuliers peuvent parfois avoir peine à trouver d'autres prêteurs que des usuriers, tandis que les emprunts d'État ont un marché assez large sur toutes les Bourses, pour que rien de tel ne soit à craindre. Mais quelle conclusion en tirer ? Si l'État malgré les grandes facilités que lui donne un large marché, malgré la confiance qu'à tort ou à raison il inspire aux prêteurs, si l'État, disons-nous, est souvent forcé de dépasser le taux de 5 pour 100, n'est-il pas insensé d'imposer ce taux à des emprunteurs bien moins favorisés ?

Il faut le reconnaître, la limitation de l'intérêt est comme une toile d'araignée, qui laisse passer tous les gros emprunteurs, qui savent tourner la loi, lorsque les circonstances les y contraignent. Et quand ces puissants, ces riches, ne peuvent trouver d'argent qu'au-dessus du taux légal, comment les petits emprunteurs, qui offrent de bien moindres garanties, en trouveraient-ils à ce taux ? Ils se trouvent toujours en face de la même alternative : ou violer la loi, ou se passer de capitaux.

24. — C'est le gouvernement qui fixe le taux auquel prêtent les Monts-de-Piété; lorsqu'il autorise le taux de 12 pour 100 à Paris et de 9 pour 100 en province, ne peut-on dire qu'il autorise l'usure ? Et cependant ces prêts à gros intérêts rendent les plus grands services : « on n'y

emprunte pas seulement pour consommer, mais aussi pour produire ; les opérations sont en raison inverse et non en raison directe de la misère, et lorsque les affaires ont une grande activité, le petit commerce, la petite fabrication demandent au Mont-de-Piété les capitaux dont ils ont besoin et qu'ils ne trouveraient pas ailleurs à aussi bon marché, quelqu'élevé que soit l'interêt perçu par l'administration (1). » Disons du reste, qu'il serait facile de diminuer l'intérêt perçu par les Monts-de-Piété, en les dispensant de verser dans les caisses de l'Assistance publique, une partie de leurs bénéfices ; singulière combinaison qui consiste à pressurer les malheureux, pour les secourir après avoir contribué à les ruiner !

25. — Tous les jours, à la Halle de Paris, on prête au grand jour 5 francs le matin, et on reçoit en remboursement 6 francs le soir, c'est un intérêt de 20 pour 100 par jour ; quelqu'exorbitant que soit ce taux, l'opération est profitable à l'emprunteur, qui gagnant 10 francs au bout de sa journée, reçoit sur le bénéfice brut, 40 pour 100 pour sa part.

26. — Terminons en disant que ceux qui sont le plus à même de bien juger de la question sont presque unanimes à demander la liberté. Une enquête a eu lieu en 1849 : des dépositions des notaires, il résulte que par suite de ce qui se passe à leur insu, et hors de leur étude, le taux des prêts hypothécaires varie de 6 à 22 pour 100. En

---

1. Lettre de M. Blaise, ancien directeur du Mont-de-Piété, à M. Guéroult, rédacteur en chef de l'Opinion nationale (11 juillet 1861).

1864, les Chambres de commerce consultées ont demandé, à la presque unanimité, l'abrogation de la loi de 1807. Le 24 août 1878, le Congrès international du commerce et de l'industrie émettait un vœu en faveur de la liberté.

27. — La loi de 1807 avait cependant donné à ses auteurs de grandes espérances. Le comte Jaubert, rapporteur de la loi, en résumait ainsi les avantages : « le commerce ayant le droit d'emprunter à 6 pour 100 possédera tout ce qu'il peut désirer, parce que celui qui prête à un taux plus élevé, s'éloigne de la marche ordinaire des affaires, et celui qui emprunte a déjà un germe de ruine dans sa maison. » Voilà les deux propositions, sur lesquelles est basée la loi de 1807 : tout commerçant qui empruntera à moins de 6 pour 100 s'enrichira ; tout commerçant qui empruntera au-dessus de 6 pour 100 se ruinera.

Est-il besoin de longs raisonnements pour se convaincre que ces deux propositions ne sont pas plus vraies l'une que l'autre ?

Section V. — *Examen de quelques systèmes intermédiaires entre la liberté et le maximum.*

28. — Après avoir discuté les deux systèmes absolus de la liberté et de la restriction, il nous reste à examiner quelques systèmes intermédiaires entre les deux. Les meilleurs ne sont, à notre avis, que des palliatifs insuffisants, qui, sans donner les avantages de la liberté, laissent subsister la plupart des inconvénients de la réglementation.

29. — Quelques auteurs proposent de limiter le taux des prêts hypothécaires, le taux des autres prêts restant libre.

Ce système repose sur l'idée que tous les prêts hypothécaires sont également à l'abri ds tout risque : rien n'est moins exact. Tous les prêts garantis par hypothèque sont loin d'offrir la même sécurité, et ne peuvent par conséquent être contractés au même taux. Une deuxième hypothèque est une moindre garantie qu'une première : une première n'est même pas une garantie absolue, parce qu'elle peut être primée par des hypothèques légales, et que l'immeuble hypothéqué peut subir une forte dépréciation. Il faudrait donc établir une infinité de distinctions parmi ces prêts : les parties en sont assurément les meilleurs juges. Fût-il vrai d'ailleurs que tous les prêts hypothécaires présentent la même sécurité, on devrait encore repousser ce système, comme méconnaissant l'influence qu'ont sur l'intérêt, l'état du marché, l'abondance ou la rareté du capital.

Ce système a pour défenseurs ceux qui redoutent surtout les conséquences de la liberté dans les campagnes : les héritages, surchargés de dettes dont on ne peut payer les intérêts, sont souvent, en effet, une cause de ruine pour leurs propriétaires. Les remèdes les plus extrêmes ont été proposés pour restreindre les emprunts, et pour anéantir le moyen de crédit, qu'un immeuble donne à son propriétaire. On a été jusqu'à proposer la suspension du gage immobilier ; d'autres ont proposé de rendre les communes solidaires des dettes foncières, ce qui obligerait chaque habitant voulant emprunter, à demander l'autorisation au conseil municipal.

La distinction proposée entre les prêts hypothécaires et chirographaires se ressent de cette tendance : nous la repoussons estimant que, si l'hypothèque a quèlques inconvénients, c'est avant tout un merveilleux instrument de crédit qu'il serait déplorable de détruire, ou seulement d'entraver.

30. — Une autre distinction a été proposée, celle des prêts à long ou à court terme : distinction aussi vicieuse que la précédente. On prétend que les prêts à long terme sont plus spécialement préjudiciables à l'emprunteur. Il est vrai que le plus souvent, le prêteur exige pour immobiliser longtemps son argent, un intérêt plus fort : mais cet accroissement de charges pour l'emprunteur n'est-il pas compensé par la certitude d'avoir un long terme pour rem-

bourser ? Il faut en laisser l'appréciation aux parties. D'ailleurs comme prendre la durée du prêt pour régulateur de l'intérêt ? C'est un élément sans doute, dont les parties tiendront compte, mais bien d'autres faits, la solidité du placement, le crédit de l'emprunteur, la situation financière ont une influence bien plus directe sur l'intérêt demandé.

31. — On a proposé aussi de fixer le taux de l'intérêt d'après celui de la rente. Non-seulement ce système a tous les inconvénients d'un taux fixe que ne tient pas compte des circonstances de chaque espèce, mais il ne peut servir à déterminer ni le taux moyen de l'intérêt, ni le taux maximum. En temps de guerre, la crainte d'une issue malheureuse, la perspective de grosses dépenses, d'emprunts dont le chiffre peut être énorme et ruiner pour longtemps le crédit de l'État, tendent à élever le taux de la rente au-dessus du taux moyen : celui-ci sans doute est modifié par les évènements, il s'élève, mais dans une moindre proportion, l'État étant plus directement atteint par les évènements. En temps de paix et de prospérité, la régularité du paiement des intérêts, la confiance, souvent peu justifiée, qu'inspirent les placements en fonds d'État, tendent à en élever les cours et à abaisser au-dessous du taux moyen l'intérêt qu'on en retire.

32. — Quelques auteurs ont prétendu, au moyen de tableaux comparatifs, déterminer la véritable valeur de l'argent : la moyenne donnée par une série de calculs serait le taux légal de l'intérêt.

Sans nous arrêter aux difficultés pratiques que comporte une telle méthode, disons que l'idée même d'une moyenne est vicieuse. Comment une moyenne pourrait-elle représenter toujours le taux véritable? Dans telle espèce elle serait trop élevée, et l'emprunteur ne consentirait pas à traiter à ce taux : dans telle autre elle serait trop basse, et c'est le prêteur qui refuserait de traiter. Une moyenne serait menteuse dans la plupart des cas : la loi serait toujours éludée. D'autre part, chercher à imposer un taux uniforme, serait commettre une injustice, puisqu'on favoriserait par là les mauvais débiteurs qui doivent payer des intérêts élevés, aux dépens des bons.

33. — D'autres ont proposé un maximum mais un maximum mobile, qui serait fixé de temps en temps selon l'état du marché, variant avec les faits économiques qui influent sur le taux de l'intérêt.

Tout d'abord, ce système aurait un grand inconvénient pratique : quelque fréquentes que fussent les modifications du taux de l'intérêt, elles ne pourraient suivre les variations résultant d'un brusque changement dans l'état du marché : à ce moment, le maximum n'ayant pas subi un changement correspondant, le prêt serait impossible. D'autre part, pour être équitable et répondre à tous les besoins, il faudrait au taux moyen déterminé par l'état du marché ajouter par le maximum, une prime représentant les risques attachés aux prêts les moins sûrs: le maximum devrait donc être si élevé, qu'il équivaudrait à l'absence de réglementation.

4

34. — M. Duvergier a proposé, tout en conservant le taux actuel, de laisser aux parties le droit de l'élever au-dessus : mais les tribunaux auraient le pouvoir discrétionnaire de le réduire d'après les circonstances de chaque espèce. Un système analogue est pratiqué avec quelques tempéraments, en Allemagne. Le système allemand, que nous exposerons en détail, nous semble prêter à bien des critiques. Nous repoussons à plus forte raison le système de M. Duvergier, qui laisse absolu l'arbitraire des tribunaux, puisqu'il n'indique aucun fait devant guider les juges dans leur pouvoir d'appréciation.

M. Duvergier d'ailleurs, ne proposait ce système qu'à titre transitoire.

35. — On a cherché à protéger les emprunteurs contre l'usure excessive, en les autorisant à exiger la rescision du contrat, quand ils le voudraient. Ce serait une bien faible ressource pour l'emprunteur, qui est la plupart du temps, hors d'état de rembourser avant l'échéance prévue : en tout cas, s'il peut espérer des rentrées d'argent, rien ne l'empêche de stipuler la rescision facultative du contrat. Mais on ne doit pas en faire une règle absolue : imposer cette clause à tous les prêteurs, c'est les exposer à l'éventualité de fréquents déplacements de fonds, éventualité dont ils tiendront compte en exigeant des ¦intérêts plus élevés, sans qu'un avantage équivalent en résulte pour les emprunteurs.

36. — Arrivons à un système ingénieux, mais qui pas plus que les autres ne nous paraît satisfaisant, au

système de la Banque régulatrice. Tout en laissant un taux maximum fixe en matière civile, on propose de prendre pour maximum en matière commerciale, le chiffre de l'escompte de la Banque de France.

Ce système serait certainement meilleur que le système actuel, au moins pour la fixation de l'intérêt légal ; le taux légal serait influencé par les faits généraux qui déterminent le taux de l'argent. Mais comme maximum imposé à l'intérêt conventionnel, il prête à bien des objections. Nous ne reviendrons pas sur la critique que nous avons déjà adressée à d'autres systèmes, d'établir un taux uniforme pour tous les prêts, sans tenir compte des risques si variables d'un prêt à l'autre. Mais, faisant abstraction de la question des risques, ne semble-t-il pas tout d'abord que le taux normal de l'intérêt devrait être fixé d'après l'état de l'encaisse, plutôt que d'après le taux de l'escompte ? L'encaisse, bien plus que le taux de l'escompte. est l'indice de l'état du marché. Une période prospère se signale par l'abondance des dépôts, des circonstances malheureuses en amènent toujours la diminution. Sans doute, les mêmes faits ont une influence correspondante sur le taux de l'escompte : quand l'encaisse grossit, l'escompte tend à s'abaisser, et la diminution de l'encaisse oblige à relever l'escompte. Mais certaines circonstances peuvent avoir une très grande influence sur l'escompte, sans que l'encaisse, sans que la prospérité générale se trouvent sensiblement modifiées. Lorsqu'une crise financière survient à l'étranger, la Banque de France prend toujours la même mesure de défense, elle élève le taux de son escompte. Si l'élévation est telle que l'exigent les circonstances, l'encaisse ne diminue pas, la crise n'affecte pas le marché français et il n'y a aucune élévation du taux normal de l'intérêt.

- Ce n'est là qu'une des moindres critiques qu'on peut adresser au système. Qu'on prenne pour base l'encaisse de la Banque ou son escompte, on se heurte à de graves difficultés.

Tandis que la Banque de France, nous venons de le voir, détermine son escompte d'après son encaisse, les banques privées le fixent d'après l'état général du marché : on ne peut imposer un escompte uniforme, quand des faits tout différents le déterminent pour les uns et pour les autres. Une autre circonstance s'oppose à ce que le même escompte soit perçu par la Banque de France et par les autres Banques. Nous avons déjà eu l'occasion de dire que la Banque de France n'escomptant que le meilleur papier, peut escompter à un taux unique, tandis que les autres doivent modifier le taux qu'elles demandent avec la valeur du papier qu'on leur remet : escomptant en général des lettres moins solides, elles doivent exiger un escompte plus fort que la Banque. Enfin nous nions que la Banque soit le thermomètre exact de la richesse publique, le vrai régulateur du marché. Elle est en relations avec l'Etat : les opérations qu'elle fait avec lui, ne peuvent-elles de même que les crises en pays étranger, l'obliger à élever le taux de son escompte, sans que l'état général du marché justifie une

telle mesure. Enfin ne peut-on craindre, que désirant na-
turellement élever les divi!endes des actionnaires, elle
n'ait une tendance à élever l'escompte plus qu'elle ne le
devrait? C'est en laissant les autres banques libres d'élever
ou d'abaisser le taux de leur escompte comme elles le
veulent, qu'on leur permettra de faire concurrence à la
Banque privilégiée et de mettre obstacle à l'abus qu'elle
peut faire de son pouvoir. On ne peut s'en remettre à elle
pour fixer le taux de l'escompte qui intéresse à un si haut
point, tout le commerce français. « Concéder à une com-
pagnie d'actionnaires, le droit de fixer le taux de l'intérêt
pour tous les commerçants français, disait M. Michel Che-
valier, ce serait instituer un oligarchie, qui tiendrait la
France sous sa loi. Plutôt que de consentir à un pareil ordre de choses, je demanderais qu'on rétablît les Rohan et
les Montmorency dans leur pouvoir d'il y a quatre ou
cinq cents ans. J'aimerais mieux cette aristocratie que
l'autocratie de la Banque de France..... L'investir d'u-
ne pareille autorité serait un acte monstrueux. »

Un grave inconvénient du système serait de mettre sur
la même ligne l'intérêt et l'escompte, bien que l'un soit
plus stable que l'autre, et d'introduire dans les affaires une
incertitude, une mobilité incompatible avec les besoins du
commerce.

On pourrait multiplier les critiques. Disons pour terminer que ce système, violant comme le système actuel
des droits respectables, ne serait pas plus respecté

37. — Arrivons enfin à un dernier système, qui récemment

mis en pratique dans plusieurs pays a trouvé en France quelque faveur : il consiste à punir le prêt usuraire, tout en laissant une liberté absolue au prêt à intérêt irréprochable au point de vue moral. Concilier le libre exercice des droits légitimes du capitaliste avec la répression des abus qui peuvent résulter de la liberté, tel est le but qu'on s'est proposé.

L'intérêt est libre, la liberté est illimitée en principe, on punit seulement ceux qui voudraient abuser de cette liberté et l'abus résulte, selon les partisans de ce système, de certains caractères qui distinguent le prêt légitime du prêt usuraire.

L'usure ne consiste plus, comme dans notre législation, dans un fait matériel, toujours le même et toujours bien déterminé, le fait d'avoir dépassé un certain taux, elle résulte des circonstances du prêt, soit de la rémunération trop élevée exigée par le prêteur, eu égard à l'état du marché, au crédit du débiteur, soit dans les résultats désastreux que le prêt doit avoir pour l'emprunteur, soit dans la faiblesse d'esprit de celui-ci et dont le prêteur est convaincu d'avoir abusé.

Un tel système semble devoir rallier les partisans des deux doctrines extrêmes ; les adversaires de la loi de 1807 ne peuvent méconnaître, que des abus sont trop souvent la conséquence de la liberté, et la plupart des partisans de cette loi, ne repoussent la liberté qu'en raison des abus qu'elle entraîne. Donner les avantages de la liberté, réprimer ses excès, semble devoir satisfaire tout le monde.

Et en effet, si ce résultat pouvait être atteint, le problème pourrait être considéré connu résolu. Mais en est-il ainsi ? N'y a-t-il pas incompatibillté dans la pratique entre deux dispositions législatives, dont l'une proclame la liberté illimitée de l'intérêt, et l'autre punit la perception d'intérêts excessifs ? L'Autriche a, la première, cherché à concilier ces deux idées. L'Allemagne souffrant des excès de la liberté, sans en méconnaître les avantages, a suivi l'Autriche dans cette voie. De tels systèmes peuvent-ils donner les résultats qu'on en attend ? Nous ne le pensons pas. L'écueil consiste toujours dans la difficulté de trouver une définition satisfaisante de l'usure, et cette difficulté nous paraît insoluble. On s'est attaché à bien des circonstancs pour caractériser l'usure : toutes les définitions soulèvent de graves objections, tant au point de vue rationnel qu'au point de vue pratique. Toute définition, ou bien est trop étroite, et laisse en dehors la plupart des cas d'usure, ou bien si l'on veut n'en omettre aucun, elle est si large que cela équivaut à donner aux tribunaux le pouvoir discrétionnaire de décider dans chaque espèce s'il y a ou non usure.

L'idée première de tous ces systèmes se trouve dans le code pénal Belge de 1860. A cette époque, notre loi de 1807 était en vigueur en Belgique. La loi étant mal observée, on voulut prendre contre l'usure des mesures de répression plus énergiques, et on en fit un délit. Mais pour définir l'usure, on ne s'en tint pas comme en France, au fait d'avoir habituellement dépassé dans les prêts à intérêt le taux légal, on voulut que ce fait fût aggravé par certaines circonstances.

Le projet de l'article relatif au délit d'usure donnait comme un des critériums de l'usure, d'avoir abusé de l'ignorance de l'emprunteur. Un député ayant proposé de substituer à ignorance le mot besoin, on se récria sur ce que tout emprunteur ayant des besoins, c'était ouvrir la porte à l'arbitraire des tribunaux, et ni le mot besoin, ni le mot ignorance ne subsistèrent dans la rédaction définitive. On reconnaissait déjà le grand inconvénient du système : mais les mots qu'on a laissé dans l'article, « l'abus des passions et des faiblesses du débiteur », ne sont-ils pas aussi bien vagues? Si tout le monde a des besoins, qui n'a des passions, des faiblesses? Ne peut-on toujours trouver chez le débiteur quelque faiblesse, qui ait pu le déterminer à accepter un prêt usuraire? L'habitude exigée pour achever de caractériser l'usure est le correctif de cet inconvénient, mais aussi rend la disposition sans effet : le capitaliste honnête ne fait pas habituellement de prêts à gros intérêts, et l'usurier habile sait toujours éviter de se faire poursuivre assez souvent pour être convaincu d'habitude d'usure.

Cette conception, consistant à déterminer l'usure par les circonstances qui accompagnent le prêt, et non pas uniquement par le taux, l'Autriche l'a appliquée, mais en excluant complètement l'idée de taux excessif.

La définition donnée par la loi de 1877 fait résulter le délit d'usure, de ce que le prêt doit nécessairement ruiner l'emprunteur, le prêteur sachant que ce dernier était inca-

pable d'apprécier les conséquences de l'acte. Cette définition n'est pas plus satisfaisante que celle du Code Pénal
Belge, et elle prête à l'objection inverse. La loi, en exigeant
que le prêt, pour être puni, doive fatalement ruiner le débiteur, ne risque guère de punir à tort : quand un prêteur
sachant que le prêt qu'il consent doit nécessairement ruiner
l'emprunteur, ne recule pas devant cette certitude, il ne
peut être qu'un usurier endurci, méritant toute la sévérité
de la loi. Mais ne punir que dans ces conditions, c'est ne
punir jamais. Le plus souvent, la ruine vient lentement,
on n'y arrive qu'après une suite d'opérations malheureuses : il faut être un fou ou un prodigue pour accepter un
prêt qui, à lui seul, doit fatalement vous ruiner : l'inter-
diction et le conseil judiciaire sont alors les vrais remèdes.

La gravité de l'objection semble avoir frappé les rédacteurs de la loi de 1881. Ils ont modifié la définition de
l'usure n'exigeant plus que le prêt doive nécessairement
ruiner le débiteur, mais seulement qu'il soit de nature à
causer ou à hâter sa ruine.

Cette définition n'est pas plus satisfaisante : la première
était trop étroite, la seconde est trop large. Si un seul prêt,
en général, ne suffit pas à ruiner l'emprunteur, un emprunt
est trop souvent un pas vers la ruine. De plus, la loi exige
que le prêteur « ait exploité sciemment la legèreté du débiteur, sa situation nécessiteuse, sa faiblesse d'esprit, son
inexpérience son excitation d'esprit. » Quoi de plus vague
que ces données ? Combien y a-t-il de degrés dans la faiblesse, la légèreté, l'excitation d'esprit ? Chaque fois que

le prêt est consenti à un taux que le tribunal juge trop élevé, le prêteur n'est-il pas par là même convaincu d'avoir abusé de la faiblesse d'esprit ou de la situation nécessiteuse du débiteur? Il est manifeste que les tribunaux sont armés du pouvoir le plus étendu, le plus redoutable, qu'il y a là pour le crédit un véritable danger, tout prêt pouvant selon le caprice des juges, exposer le prêteur à des peines correctionnelles.

Enfin on peut reprocher à cette définition de s'attacher à l'effet du prêt vis-à-vis de l'emprunteur, circonstance qui ne devrait pas aggraver la responsabilité du prêteur. Ce dernier ne peut être rendu responsable des erreurs ou de la légèreté d'autrui : nous ne pensons pas que l'État lui-même doive remplir ce rôle de tutelle, à plus forte raison ne peut-on l'imposer à un particulier.

La définition donnée par la loi allemande de 1880 soulève aussi de graves objections. Elle exige qu'il y ait abus des besoins, de la faiblesse, de l'inexpérience de l'emprunteur, joints à la perception d'un taux excessif eu égard au service rendu. Tout d'abord on peut reprocher à cette dernière prescription d'être ambiguë. Prise à la lettre, elle semble dire que l'emprunteur ne peut percevoir d'intérêt qu'en raison de l'utilité que présente le prêt pour l'emprunteur, considération dans laquelle le prêteur ne peut entrer. Ce qui légitime l'intérêt, ce sont uniquement la privation du prêteur, et les risques qu'il court. Cependant on peut dire que le service rendu est d'autant plus grand que les circonstances sont moins favorables, et le crédit de l'emprunteur moins assuré : en fait le juge ne doit donc rechercher que si le taux est excessif en raison des circonstances. Il faut de plus qu'il y ait eu abus des besoins, de la faiblesse, de l'inexpérience de l'emprunteur : à cela nous objectons, comme nous l'avons déjà fait pour les systèmes précédents, que dans la pratique, si un taux excessif est accepté, c'est toujours sous l'empire de besoins ou de faiblesse d'esprit, qui sont, plus ou moins, le fait de tout homme : tout se borne donc, malgré les nombreuses conditions exigées par la loi, à apprécier si oui ou non, le taux est excessif : c'est l'arbitraire des tribunaux érigé en loi. Ou l'autre verra un délit, un autre verra un fait licite : un tel système ne peut donner aucune sécurité aux prêteurs honnêtes.

L'inconvénient de tous ces systèmes, c'est qu'ils cherchent à définir l'usure par des circonstances qui l'accompagnent le plus souvent, qui sont, si l'on veut, un des éléments moraux du délit, mais non son signe distinctif. Le capitaliste a-t-il prélevé, à titre d'intérêts, plus que sa rémunération légitime, voilà l'élément principal et matériel de l'usure, le seul qui puisse être constaté ! Tous ces abus des faiblesses, des besoins, apparaissent par le seul fait de l'exagération du taux : sinon il n'y aurait pas abus. En résumé, il résulte de cette analyse de l'usure, que le prêteur n'est responsable des effets du prêt que s'il est en faute, s'il y a eu « abus » de sa part : c'est du côté du prêteur qu'on doit rationnellement chercher les éléments du délit. L'abus dont on veut faire le critérium de l'usure résulte toujours de ce que le taux est excessif eu égard aux circonstances de chaque espèce, qu'on est forcé de laisser à l'appréciation des tribunaux : c'est donc le régime de l'arbitraire. Les divers systèmes cherchent à limiter cet arbitraire, mais nous avons vu que, sauf dans le système autrichien de 1877 qui était peu efficace, les limitations sont illusoires et qu'en fait les tribunaux ont un pouvoir absolument discrétionnaire : c'est à cela que tous les systèmes aboutissent malgré eux.

M. Léon Say, intervenant dans la discussion du projet de loi sur l'intérêt, a fait à la Chambre des députés la déclaration suivante : « Je crois que la loi de 1807 est une mauvaise loi... seulement je me suis demandé s'il n'y avait pas lieu de chercher la définition de l'usure, non pas dans le taux de l'intérêt, mais dans les manœuvres qui pouvaient accompagner le prêt (1). » D'après M. Léon Say, l'usure ne résulte nullement du taux de l'intérêt, mais seulement des manœuvres qui l'accompagnent. Nous ne saurions nous rallier à ce système, à moins qu'il ne s'agisse de manœuvres actives, dolosives : mais celles-ci sont punies dans le contrat de prêt comme dans tout autre par l'article 405 du Code pénal. Le délit spécial d'usure a pour élément essentiel et matériel, l'élévation excessive du taux de l'intérêt ; chercher ailleurs, c'est s'éloigner du véritable point de vue, auquel malgré tout, la force des choses ramène toujours.

1. *J. offi.* 24 janv. 1877, p. 519.

Tous ces systèmes présentent donc la plupart des inconvénients de notre loi. Ils doivent tendre à élever le taux de l'intérêt en augmentant les risques, et à créer le monopole de l'usure en écartant les capitalistes honnêtes : mieux vaut peut-être une loi précise comme la nôtre, que l'incertitude résultant nécessairement des systèmes proposés.

DEUXIÈME PARTIE

ÉTUDES HISTORIQUES

Section I. — *L'intérêt et l'usure chez les Hébreux.*

38. — La législation du peuple Hébreux est la plus ancienne de celles sur lesquelles nous ayons des données certaines. Mais, s'il y a des documents dont l'authenticité n'est pas contestable, l'accord n'est pas absolu sur leur interprétation. Il est certain que le prêt à intérêt était interdit par la loi de Moïse, mais quelle était la portée de la prohibition? Le cardinal de la Luzerne a soutenu au commencement du siècle une doctrine qui avait déjà trouvé des défenseurs au moyen-âge, et d'après laquelle, la prohibition aurait été limitée aux prêts faits aux pauvres.

S'autorisant de deux textes (1) qui défendent l'usure à l'égard des pauvres, il soutient que le prêt à intérêt n'était

1. Si pecuniam mutuam dederis populo meo pauperi, qui habitat tecum, non urgebis eum quasi exactor, nec usuris opprimes (Exode, ch. XXII, V. 25). Si unus de fratribus tuis, qui morantur inter portas civitatis tuæ, in terra qua dominus tuus daturus est tibi, ad paupertatem venerit, non obdurabis cor tuum, nec contrahes manum ; sed aperies eam pauperi, et dabis mutuum quo eum indigere perspexeris (Deuteron. ch. XV, V. 7 et 8).

interdit que pour eux, qu'il était permis en principe. Cette interprétation ne doit pas être admise. Les deux textes ne parlent que des pauvres, parce qu'ils visent ceux qui souffrant le plus de l'usure, ont le plus grand besoin de protection ; mais comment admettre que la loi puisse faire un devoir de prêter sans intérêt aux pauvres, tout en permettant de prêter avec intérêt aux riches. Le proverbe « on ne prête qu'aux riches » est de tous les temps : permettre de leur prêter à intérêt, c'est assurer l'inexécution du précepte de prêter gratuitement aux pauvres.

Ce système ne compte plus guère de partisans aujourd'hui. La prohibition s'appliquait à tous les Hébreux, riches ou pauvres : il existe nombre de textes qui ne laissent aucun doute :

« Tu ne prêteras pas à intérêt à ton frère, ni de l'argent, ni des vivres, ni quelque chose que ce soit. »

« Tu pourras prêter à intérêt à l'étranger, mais tu ne donneras point à intérêt à ton frère, afin que l'Éternel te bénisse dans toutes les choses auxquelles tu mettras la main (1). »

39. — Le prêt devait donc être gratuit entre Hébreux, le prêt à intérêt n'était permis qu'à l'égard des étrangers. Mais ici s'élevait une nouvelle controverse, présentant autrefois une grande importance au point de vue théologique, quand les canonistes cherchaient à établir que l'usure avait toujours été prohibée par les lois divines.

____

1. Denteron. ch. XXIII versets 19 et 20.

L'usure, ont dit quelques commentateurs, n'est permise qu'à l'égard des sept nations maudites, Amorrhéens, Chananéens etc. dont l'extermination est permise et qu'à plus forte raison on peut écraser par l'usure ; mais à part cette exception, l'usure est interdite, comme étant contraire au droit naturel.

Cette interprétation ne nous paraît pas fondée : l'usure était permise, défendue seulement entre citoyens du peuple élu de Dieu, comme nuisible à la bonne harmonie qui doit régner entre compatriotes, comme indispensable surtout à une nation entourée de peuplades hostiles, qui doit chercher dans l'union étroite de ses membres, la force de résister à de continuelles attaques.

L'ensemble des institutions judaïques semble conçu dans ce but, et confirme notre interprétation. Chaque juif était en quelque sorte immobilisé, dans le champ que lui avaient légué ses ancêtres. Pour éviter que l'on pût se défaire de son patrimoine, la loi du jubilé révoquait tous les cinquante ans les aliénations de terres. La loi mosaïque cherchait à maintenir l'égalité des fortunes, ou du moins à empêcher une trop grande inégalité : aussi, de toutes les transactions, c'est au prêt à intérêt qu'elle devait mettre le plus d'obstacles : le besoin d'emprunter devait d'ailleurs se faire peu sentir, chacun trouvant dans son champ une subsistance assurée, et les peuples pasteurs et agriculteurs étant ceux à qui le crédit est le moins indispensable.

40. — On trouve dans Flavius Josephe (1) des rensei-

1. Antiquités judaïques.

gnements précis sur la législation du prêt, La prohibition était entendue d'une façon très stricte : non-seulement le débiteur, ayant reçu quelque chose à titre de prêt, ne pouvait s'engager à rendre une quantité plus considérable, on ne pouvait même convenir que l'emprunteur ne touchant aucune rente, resterait jusqu'au paiement dans la maison de l'emprunteur ou cultiverait son champ.

Toute libéralité du débiteur au créancier était interdite, même de la part de celui qui n'ayant encore rien demandé, se proposait d'emprunter. Il y avait cependant deux exceptions. On estimait que si les docteurs de la loi faisant un prêt, recevaient quelque chose de plus que la restitution, ce ne pouvait être qu'à titre d'honoraires, ou de véritable libéralité, mais on eût cru leur faire injure, en les soupçonnant de faire l'usure. Enfin, il était permis de placer l'argent d'un pupille chez un homme riche, qui s'engageait à donner une partie du profit, s'il y en avait, et à prendre à son compte toute la perte qui pourrait en résulter. Il n'y avait pas de sanction pénale à la prohibition, le débiteur répétait simplement les intérêts.

41. — Cette loi resta toujours en vigueur, mais fut fréquemment violée ; l'amour de l'argent, le penchant des juifs à l'usure ne tardèrent pas à se faire jour : on voit les prophètes toujours occupés à ramener les juifs à-la pureté de leur foi, et à prodiguer leurs anathèmes contre l'usure.

Un passage du livre de Job prouve que l'usure était pratiquée : « Pour être ainsi puni, disent à Job, ses amis, tu as sans doute exigé de tes frères des gages usuraires, tu as dépouillé tes débiteurs de leurs vêtements (1). »

Ailleurs, les livres font la peinture des rigueurs exercées par les créanciers : « Ils saisissent l'âne de l'orphelin, le bœuf de la veuve, le vêtement des débiteurs qui restent exposés au froid (2). »

Le deuxième des livres connu sous le nom d'Esdras (3), nous apprend que les juifs dépouillés par l'usure de leurs biens et de leurs héritages, se plaignirent à Néhémi ; celui-ci assembla le peuple et fit décider que chacun rentrerait dans son bien.

42. — Voilà déjà un exemple frappant de l'inanité des lois contre l'usure : la source divine à laquelle Moïse avait puisé sa loi, fut impuissante à en assurer le respect !

Section II. — *L'intérêt et l'usure en Grèce.*

43. — La Grèce était beaucoup moins fertile que la Judée ; mais elle était bien plus favorisée au point de vue commercial par sa position qui la mettait à portée du Pont, de la Syrie, de l'Égypte. Athènes, à proximité d'un port suffisamment vaste et sûr, devait servir de lien commercial entre l'Orient et l'Occident. Aussi les Athéniens furent-ils un peuple essentiellement navigateur et commerçant ; le

1. Job. XXI. V. 6.
2. Amos, II. V. 8.
3. Ch. V. V. 9 et suiv.

prêt à intérêt y fut très pratiqué : le crédit parfaitement organisé. C'est surtout le commerce maritime qui prit le plus grand développement. Présentant avec la chance de gros bénéfices, peu de risques, en raison de la facilité de la navigation, il attira à lui la presque totalité des capitaux, à tel point que le commerce de terre dut payer des intérêts presqu'aussi forts que le commerce de mer. Le taux était en général très élevé, ne descendant guère au-dessous de 10 à 12 pour 100 (1), le taux habituel était de 18 pour 100 et s'élevait souvent jusqu'à 24, 36 et même 48 pour 100. Le taux habituel pour les banquiers était 36 pour 100 (2). Ces intérêts paraîtraient énormes aujourd'hui, ils ne paraissaient pourtant pas excessifs aux Athéniens. Le commerce donnant de grands profits, la demande de capitaux était considérable ; la difficulté de se faire rendre justice à l'étranger, l'insuffisance de la législation athénienne étaient des causes d'élévation de l'intérêt. Les lois de Solon avaient enlevé aux créanciers tout droit sur la personne de leurs débiteurs ; elles avaient, en élevant la valeur nominale des monnaies fait manquer les débiteurs à une partie de leurs engagements, c'était un précédent menaçant pour l'avenir ; enfin l'organisation vicieuse des tribunaux, permettant aux débiteurs de se soustraire aux poursuites par toutes sortes de chicanes, rendaient le prêt très-aléatoire. Du reste, les usuriers ne manquaient pas à Athènes : ils faisaient aux fils

1. Saumaise. *De modo usur.*, p. 156.
2. Saumaise. *De fœnor trapezit.*, p. 557, d'après Athénée.

de famille des prêts à courte échance, qui devaient les ruiner en peu de temps. D'après Théophraste, ils prêtaient moyennant une obole et demie par jour et par drachme, soit 25 pour 100 par jour !

Et cependant depuis la réforme de Solon, ces usures énormes ne donnèrent lieu à aucune plainte, à aucune mesure répressive. On craignait dans l'intérêt de quelques prodigues, de porter atteinte au crédit ; peu importent les gros intérêts qu'on paie, quand on doit retirer du prêt des bénéfices plus grands encore.

44. — Avant Solon, des désordres s'étaient produits. Les lois de Dracon, d'une excessive rigueur contre les débiteurs, appelaient une réforme. Les créanciers pouvaient arrêter eux-mêmes leurs débiteurs, les vendre à l'étranger comme esclaves, eux, leurs femmes et leurs enfants. Solon, chargé de réformer cette législation, se garda bien de prohiber pour l'avenir la liberté de l'intérêt et s'avisa d'un expédient, par lequel il pensait concilier les intérêts des débiteurs et des créanciers.

« Solon n'abolit pas les dettes, il en réduisit seulement les intérêts, et les pauvres satisfaits de ce soulagement donnèrent eux-mêmes le nom de décharge à cette loi pleine d'humanité. Elle comprenait aussi l'augmentation des mesures et de la valeur des monnaies. La mine ne valait que 73 drachmes ; elle fut portée à 100, de manière que ceux qui devaient des sommes considérables, en donnant une valeur égale en apparence, quoique moindre en effet,

gagnaient beaucoup sans faire perdre à leurs créanciers (1). »
Quelque critique qu'on puisse adresser à un tel procédé,
on ne peut en méconnaître la modération, surtout si on le
compare aux mesures révolutionnaires, qu'imposèrent plus
d'une fois les débiteurs romains.

Solon tempéra aussi les sévérités de la loi contre les débiteurs insolvables, et décida qu'à l'avenir ils ne seraient
plus soumis à la contrainte par corps.

45. — Un savant Hongrois, M. Télfy, a soutenu dans
son *corpus juris attici*, qu'il y avait eu postérieurement à
Solon, des lois restrictives de l'intérêt. Il tire argument
d'un passage du scoliaste de Démosthènes disant : « il y
a aussi des lois privées, par exemple de ne pas recevoir des
intérêts. » Il nous semble qu'une formule aussi vague ne
permet pas de conclure à l'existence d'une loi sur le taux
de l'intérêt, dont il n'est fait mention nulle part. C'est du
moins ce qu'enseigne Saumaise (2), affirmant n'avoir connaissance d'aucune loi à Athènes sur l'intérêt, après celle
de Solon. L'anatocisme (ανα-τοκος, ανα-τοκισμος) était usité à
Athènes (3) : mais les moralistes blâmaient ceux qui
le pratiquaient.

Ainsi depuis les lois de Solon, l'intérêt resta libre : le
crédit prit un remarquable développement, et éleva la République à un haut degré de prospérité. C'est en vain
qu'Aristote contesta la légitimité de l'intérêt ; que Pla-

1. Plutarque. *Vie de Solon*, ch. XXII.
2. De modo usur. Leyde 1639, p. 138.
3. Aristoph. Nuées. V. 1155 et 1156.

ton (1), comparant l'usurier à un égorgeur, bannit de sa république l'intérêt « *qui trucidat pauperem fœnore* »; que Cleanthe mettant en pratique la théorie d'Aristote, refusait d'emprunter, et se condamnait volontairement aux mines. Le peuple resta sourd à la voie des philosophes, et continua à emprunter à gros intérêts. L'emprunt était une source de fortune : on pensait avec raison ne pouvoir payer trop cher les moyens de s'enrichir.

46. — Tout autre fut la législation de la rivale d'Athènes, de Sparte. Son législateur, Lycurgue, supprima les dettes ; non pas pour terminer des querelles entre créanciers et débiteurs, mais comme il interdisait le commerce et l'usage des monnaies d'or et d'argent, il fallait bien supprimer les dettes, en même temps que les moyens de se libérer. Toute infraction aux lois était sévèrement réprimée : l'usage de l'or et de l'argent était puni de mort. Il semblerait qu'un tel état de choses dut être pour l'usure un obstacle insurmontable. Cependant, si nous en croyons Plutarque (2), l'usure n'aurait pas été inconnue à Sparte. On peut affirmer, en tout cas, que vers la fin de la république, quand les Lacédémoniens commencèrent à s'affranchir du joug des lois de Lycurgue, le prêt à intérêt fut pratiqué ; toutes les vertus qu'avait voulu imposer leur législateur, disparurent peu à peu ; Isocrate et Pobyle leur reprochent une cupidité sans borne.

1. Platon. De legibus, p. 742, l. 5.
2. Lycurgue, § 13.

Section II. — *L'intérêt et l'usure à Rome.*

47. — Nous avons vu à Athènes le taux de l'intérêt très élevé, pas de lois répressives, aucune plainte des débiteurs. Nous trouverons à Rome le taux de l'intérêt relativement modéré, et des lois prohibitives constamment renouvelées, impuissantes à faire cesser les clameurs du peuple.

48. — La plèbe dont la misère nécessitait sans cesse des emprunts onéreux, crut qu'on pouvait par des lois répressives étouffer l'usure ; elle ne comprit pas que s'en prendre à l'usure, c'était traiter les symptômes du mal dont elle souffrait, sans remonter à ses causes. Sa misère tenait à des causes générales et multiples que toutes les lois du monde sur l'usure eussent été impuissantes à détruire.

Tandis qu'Athènes était l'entrepôt d'un vaste commerce, le commerce maritime mit longtemps à se développer à Rome : il faut arriver aux guerres puniques pour lui voir prendre quelque extension. Le commerce intérieur n'était pas plus florissant ; bien que Romulus eût permis aux plébéiens l'exercice des professions lucratives, il est certain que les arts manuels et le négoce dédaignés des hommes libres, furent abandonnés aux esclaves et aux affranchis, à la lie de la population. Seule l'agriculture était en honneur : les Romains ne croyaient pas déroger en passant des travaux de la guerre à ceux des champs. Mais c'est le commerce, l'industrie, bien plus que l'agriculture, qui font fructifier le capital.

Aujourd'hui encore, ce sont les prêts à l'agriculture qui offrent le plus de danger, en raison du faible profit qu'on en retire et des pertes que peut occasionner une succession de mauvaises récoltes. A plus forte raison devait-il en être ainsi, quand l'agriculture en était encore aux procédés primitifs, les champs toujours exposés aux ravages de la guerre, l'agriculteur toujours menacé d'être enlevé à ses travaux, au moment où sa présence était peut-être le plus nécessaire.

Des prêts qui ne peuvent avoir d'emploi lucratif doivent être très suspects.; le prêteur doit craindre de perdre à la fois intérêts et principal. Le plébéien engage comme garantie sa propre personne : c'est une faible garantie. C'est sur lui que porte tout le poids du service militaire : à chaque nouvelle guerre que soutient la République, il part, il s'équipe à ses frais. S'il est tué, le créancier perd son gage dans la personne de son débiteur. S'il revient, si la guerre est heureuse, il a droit à une part du butin : mais l'aristocratie par avarice, et aussi par politique, parce qu'elle croit, en tenant le peuple dans la misère, le dominer plus aisément, s'adjuge la part du lion (1) : celle du plébéien est réduite le plus possible, jamais il n'a part à cet *ager pu-*

---

1. Accensaque ea cupiditas, malignitate patrum, qui devictis eo anno Volscis Œquisque, militem prœda fraudavere. Quod captum est ex hostibus, vendidit Fabius consul et redegit in publicum. (Tit. liv. II, 42, Junge, liv. III, 31).

blicus qui faillit occasionner de si terribles bouleverse-
ments.

Et si la guerre a été malheureuse, le plébéien retrouve son
champ ravagé, ses bestiaux enlevés, des fermages arriérés
qui l'obligent à des emprunts ruineux. De temps en temps,
les débiteurs se révoltent, et lorsqu'ils sont assez forts pour
imposer leur volonté, le sénat les autorise à faire banqueroute à leurs créanciers. Ceux-ci courent donc de grands
risques, et il faut bien qu'ils s'en dédommagent en exigeant des intérêts élevés.

Pour que dans ces conditions on trouvât à emprunter à
un taux raisonnable, il eût fallu une grande concurrence
entre les prêteurs, et une faible demande de capitaux. Or,
il y avait un petit nombre de riches patriciens, rendus
maîtres du gouvernement par la constitution primitive de
Rome, qui considéraient l'exploitation des pauvres comme
un moyen de gouvernement, et d'autre part la plèbe nombreuse, absorbée la plupart du temps par la guerre, oisive
dans la paix, devant donc avoir souvent recours à l'emprunt. Extrême richesse d'un côté, extrême pauvreté de
l'autre : les riches ne devaient-ils pas être tentés d'exploiter
la situation ? L'organisation intérieure, la politique aggressive qui mettait sans cesse la République aux prises avec
ses voisins, le mépris du travail qui empêchait de réparer
pendant la paix les maux de la guerre, tout concourait à
rendre inévitable les excès de l'usure. Et ce qui devait
irriter justement les plébéiens, c'est que cet argent qu'on
leur faisait payer si cher, ils l'avaient déjà payé de leur

sang : c'étaient les dépouilles des vaincus que s'appropriaient les sénateurs au détriment de la plèbe.

49. — Enfin l'incroyable barbarie des lois contre les débiteurs insolvables devait être pour beaucoup dans l'exaspération des plébéiens. Voici comment, d'après Tite-Live, on procédait contre un débiteur insolvable : « Qu'on l'appelle en justice : s'il n'y va pas, contrains-le, s'il diffère et veut lever le pied, mets la main sur lui. Si l'âge ou la maladie l'empêchent de comparaître, fournis un cheval, mais point de litière. Que le riche réponde pour le riche, pour le prolétaire, qui voudra ; la dette avouée, l'affaire jugée, trente jours de délai. Puis qu'on mette la main sur lui, qu'on le mène au juge. Le coucher du soleil ferme le tribunal. S'il ne satisfait au jugement, si personne ne répond pour lui, le créancier l'emmènera et l'attachera avec des courroies ou avec des chaînes qui pèseront quinze livres, si le créancier le veut. Que le prisonnier vive du sien, sinon donnez-lui une livre de farine ou plus, à votre volonté. S'il ne s'arrange point, tenez-le dans les liens soixante jours. Cependant produisez-le en justice par trois jours de marché ; s'il y a plusieurs créanciers, qu'ils coupent le corps du débiteur. S'ils coupent plus ou moins qu'ils n'en soient pas responsables. S'ils veulent, ils peuvent le vendre à l'étranger au-delà du Tibre. » Les historiens ne disent pas que ce droit barbare ait été exercé, mais du moins le débiteur tombait en serviteur. Chaque maison patricienne était devenue une prison pour les débiteurs. On n'a pas d'exemple d'usure pratiquée par des plébéiens. Ceux-ci eussent tou-

jours vu leur débiteur se soustraire à leur poursuite, en se faisant le client d'un patricien : il est probable qu'ils ne prêtaient que s'ils étaient clients d'un patron et sous son nom.

50. — On ne peut s'étonner que la plèbe, exaspérée d'être réduite à la misère par la politique égoïste du sénat, se soit révoltée, méprisant les décrets des consuls qui ordonnaient l'adjudication des débiteurs (1), faisant des émeutes pour les délivrer de leurs fers (2), profitant même des malheurs de la patrie, refusant de prendre les armes, quand l'ennemi était aux portes de Rome !

Après la chute de la royauté, à l'instigation des Tarquins trente cités menacent Rome : jamais elle n'a couru de plus grand danger. Le peuple réclame impérieusement l'abolition des dettes, et refuse de s'enrôler. Lé sénat, après une longue discussion, déclare que la question ne sera tranchée qu'après la guerre : en attendant il accorde un sursis aux débiteurs et nomme un dictateur. Cette concession, la crainte qu'inspire le dictateur, apaisent le peuple. La victoire couronne les armes romaines, le dictateur dépose ses pouvoirs. Bientôt la mort de Tarquin délivre Rome de son plus dangereux ennemi : le sénat croit ne plus avoir de ménagements à garder, et oublie ses promesses. La sédition éclate de nouveau : un vieux centurion excite l'indignation du peuple et montrant les glorieuses cicatrices du champ de bataille, et la marque des coups que lui a donnés

1. Tite-Live, 2, 24, 28.
2. Tite-Lite, 2, 27.

un créancier implacable. Il fait le récit de ses malheurs (1) :
une foule nombreuse se répand sur le forum, en proférant
des menaces contre le sénat et les riches : les débiteurs devenus esclaves, s'échappent et se joignent aux séditieux.
Les Volsques et les Herniques, avertis de ces désordres,
se disposent à en profiter pour attaquer Rome. De nouveau
le peuple refuse de s'enrôler. « Les dieux, dit-on, nous
envoient des vengeurs. Les sénateurs recueillent seuls tous
les fruits de la guerre, qu'eux seuls en courent tous les
dangers. » Encore une fois, les sénateurs doivent céder :
ils accordent un sursis aux débiteurs : ils décrètent qu'on
ne pourra emprisonner ceux qui iront à l'armée, que leurs
femmes et leurs enfants seront respectés.

Le peuple satisfait, s'enrôla et défit l'ennemi. La guerre
terminée, le peuple demanda que le sursis fût prolongé.
Le refus du sénat fit craindre une nouvelle sédition ; les
Sabins étaient menaçants. Le sénat eut encore recours à
la dictature, comptant qu'elle dompterait de nouveau
l'émeute. Mais le dictateur Valerius, trompant les espérances des patriciens, proposa l'abolition des dettes.
La fureur du sénat, devant une telle proposition, fut telle
que le dictateur crut devoir abdiquer. Alors le peuple dé-
sespérant d'obtenir satisfaction, se retira en armes sur le
mont Sacré. Une députation envoyée pour l'apaiser par des

---

1. Æs alienum fecisse : id cumulatum usuris; primo se agro paterno
avitoque exercisse, deinde fortunis aliis ; postremo velut tabem, pervenisse
ad corpus. Ductum se a creditore, non in servitium, sed id ergastulum et
carnificinam esse. » Tite-Live (2, 23).

promesses dut se retirer sans avoir rien obtenu. Il fallait à tout prix transiger. On envoya au peuple Menennius Agrippa. Celui-ci chercha à ramener le calme dans les esprits, commença par dire au peuple l'apologue célèbre des membres et de l'estomac, puis proposa d'affranchir de leurs dettes tous les débiteurs reconnus insolvables, et de rendre la liberté à ceux qui étaient actuellement en prison, enfin de convenir que le sénat et le peuple feraient de concert ultérieurement, une loi réglant les rapports des débiteurs et des créanciers. Le peuple comprit l'apologue, et accueillit les propositions, mais en exigeant la création de deux magistrats, choisis dans la plèbe, et chargés de veiller à ses intérêts.

51. — Sortie des excès de l'usure, cette magistrature s'occupa tout d'abord des lois agraires. Il n'y avait pas en effet de meilleur moyen d'atténuer les ravages de l'usure, que de rendre la propriété accessible à tous par le partage de l'*ager publicus*, et d'assurer ainsi la subsistance de chacun. Les tribuns du peuple demandèrent ensuite des lois politiques de garantie et d'égalité. Enfin, une disposition de la loi des Douze Tables contint la réalisation des promesses de Ménennius Agrippa et limita le taux de l'intérêt : c'est du moins ce que dit formellement Tacite. Montesquieu a suspecté ce témoignage, parce que, d'après Tite-Live, quatre-vingt-seize ans plus tard, les tribuns du peuple firent adopter une loi *de unciario fœnore*. Ce passage de Tite-Live ne nous paraît pas contredire l'affirmation de Tacite : il nous apprend seulement qu'il y eut deux lois distinctes

sur l'intérêt : la première ne fut pas observée, la prohibition dut donc être renouvelée.

Il n'y a pas de raison pour suspecter le témoignage de Tacite, il serait bien étrange qu'il eût commis une erreur aussi grossière sur les prescriptions de cette loi des Douze Tables, que tout Romain savait par cœur. Nous admettons donc que la loi des Douze Tables établit un taux maximum. Caton attribue la même origine à la peine du quadruple infligée à l'usurier qui dépassait l'*unciarium fœnus*, il fait remarquer en même temps combien l'usure était odieuse, puisqu'elle était punie du quadruple, tandis que le vol n'était puni que de la peine du double : *adeo pejorem existimabant fœneratorem quam furem !*

52. — Quel fut le maximum fixé par la loi, c'est une question très discutée que nous n'examinerons pas ici. Constatons seulement que la fixation de l'*unciarium fœnus*, quel qu'il fut, donna, pour un temps, satisfaction au peuple, que le Sénat voulant entretenir ces bonnes dispositions accorda une solde à l'infanterie, entièrement composée de plébéiens ; les deux partis furent momentanément reconciliés.

53. — Mais une nouvelle et terrible épreuve attendait le peuple Romain. Les Gaulois, vainqueurs, entrèrent dans Rome, et y portèrent le pillage et l'incendie ; quand Camille ramena à Rome son armée victorieuse, la ville n'était plus qu'un monceau de ruines ; le peuple dut payer pour la reconstruction de la ville, et pour la réparation des pertes que tous avaient éprouvées. Il fallut emprunter à tout prix : les

ravages de l'usure recommencèrent, avec les sanctions barbares qu'elle entraînait.

La question des dettes se posa de nouveau menaçante.
Manlius, le sauveur du Capitole, paya de ses propres deniers les dettes de beaucoup de débiteurs. Un centurion,
célèbre par ses actions d'éclat, ayant été adjugé comme insolvable, Manlius paya sa dette en s'écriant : Non, je ne
souffrirai pas, moi le sauveur du Capitole, qu'un de mes
frères d'armes soit traité comme un prisonnier des Gaulois,
et traîné dans l'esclavage et dans les liens. Le centurion
montra alors ses blessures, rappela ses services, ses luttes
contre Véies et contre les Gaulois, pendant que ses pé-
nates étaient renversées, que les intérêts grossissaient la
dette au point de le ruiner, bien qu'il ait payé des à-comptes
aussi élevés que le sort principal (1). Alors Manlius en-
flamme les esprits : il accuse hautement l'orgueil et la
cruauté des patriciens, disant qu'ils ont détourné l'argent
de la République, que le seul moyen pour eux de recon-
quérir la faveur publique, c'est d'imputer sur le capital
les intérêts payés. Arrêté par ordre du dictateur, Manlius
fut remis en liberté en vertu d'un sénatus-consulte arraché
par la sédition ; cependant, l'année suivante, Manlius, accusé de viser à la royauté, était mis à mort.

Cette fin tragique ne termina pas la querelle. Une nouvelle guerre força à suspendre les poursuites entre les
débiteurs : mais la guerre fut suivie encore d'une recrudes-

1. Tite-Live, VI, 14.

cence de l'usure, et le peuple arracha de nouvelles concessions aux patriciens. A l'avenir, un des consuls dut
être pris parmi les plébéiens : en outre, on fit un partage
des terres et on diminua les dettes. Il fut décidé qu'on impu-
terait sur le sort principal les intérêts perçus, et que le
payement du surplus se ferait sans intérêt, en trois payements
annuels. C'était une banqueroute partielle. Les prêts ne
présentèrent plus aucune sécurité.

Ce n'est pas en augmentant les risques courus par les
prêteurs, qu'on peut diminuer l'usure ; aussi n'est-ce pas
sans raison que Montesquieu attribue à la loi Licinienne et
à une loi analogue, la loi Genucia, la généralisation de l'u-
sure qui suivit ces fatales mesures. La loi des Douze Tables
ne fut pas observée, et dix ans après la loi Licinienne, les
tribuns M. Duilius et L. Mœnius durent proposer un
plébiscite, qui remit en vigueur l'*unciarium fœnus* (1).
Cette loi fut votée malgré l'opposition des sénateurs.

54. — Dix ans encore après, en 408, une loi *decreta*
que les dettes s'acquitteraient en quatre paiements égaux,
le premier comptant, les trois autres dans l'espace de trois
ans. L'usure oncière fut réduite de moitié (*semi-uncia-
rium fœnus*).

Toutes ces lois ne purent soulager le peuple, et de nouvelles séditions éclatèrent. Trois ans après, une loi proposée par le tribun Genucius abolit tout intérêt. Tite-Live
n'est pas absolument sûr du fait (2), mais Tacite ne sem-

1. Tite-Live, VII, 16.
2. *Præter hoc invenio apud quosdam L. Genucium tribunum plebis,*

ble pas hésiter à le croire (1). Peut-être cette loi abolit-elle seulement les dettes existant au moment où elle fut portée, sans défendre l'intérêt pour l'avenir. Quoiqu'il en soit, des mesures aussi extrêmes ne pouvaient produire de bons résultats : l'usure continua à sévir comme par le passé, tous les auteurs en font foi. Caton lui-même, nous apprend Plutarque, Caton oubliant sa louable indignation contre les usuriers, se livra à l'usure maritime « la plus décriée de toutes », et donna à son fils le conseil d'augmenter sa fortune par ce moyen plus fructueux que l'agriculture.

Cependant les lois sur l'usure étaient comme les autres littéralement obligatoires ; elles étaient confiées aux édiles. Le peuple prononçait lui-même sur les accusations et trois ans après l'abaissement de l'intérêt à la *semi-uncia*, il prononça de sévères jugements contre les usuriers (2). Une quotité plus forte avait-elle été stipulée, la demande en justice n'était pas admise : peut-être même le juge ordonnait-il la restitution : de plus, les usuriers notoires étaient fréquemment traduits devant la justice populaire, et condamnés aussitôt par les tribuns à de fortes amendes (3).

Une loi Marcia rendue probablement peu après la loi Genutia autorisait la *manus injectio* contre tout prêteur à intérêt.

tulisse ad populum ne fænerari liceret.... quæ si omnino concessa sunt plebi, adparet haud parvas vires defectionem habuisse (Tit.-Liv. VII, 42)

1. Tacite, VI, Annal. 16.
2. Niebuhr, T. V, p. 80.
3. Mommsen, T. II, p. 78.

55. — Rien n'y faisait ; les usuriers savaient toujours tourner toutes les prohibitions. La loi Genutia n'étant pas applicable au-delà du Latium, il suffisait de prendre pour homme de paille un latin, et on était en règle avec la loi. La loi Sempronia étendit à toute l'Italie les prescriptions de la loi Genutia : au lieu d'un latin, les usuriers firent intervenir un provincial.

Enfin la loi Gabinia défendit l'usure partout où s'étendait la domination romaine. Mais aucun frein n'était capable d'arrêter le mal. On dut recourir à plusieurs reprises à l'expédient de l'altération des monnaies qui permettait au débiteur de se libérer en monnaies dépréciées, et, par conséquent, en ne payant qu'une partie de ses dettes.

56. — Après les guerres puniques, lorsque les relations avec la Grèce se furent développées, les mœurs grecques s'introduisirent à Rome, et avec elles le luxe et la corruption. La défaite de Persée, les dépouilles de la Macédoine, la prise de Carthage avaient enrichi les vainqueurs ; mais les trésors des peuples vaincus ne suffirent pas à alimenter un luxe effréné, et ce fut à qui augmenterait le plus sa fortune par les plus détestables moyens. L'usure était gênée à Rome : on alla prêter dans les provinces. Tandis que les patriciens et les chevaliers s'enrichissaient, le peuple restait pauvre. C'est surtout le peuple des provinces qui avait à subir les exactions de l'usure : Cicéron (1) nous apprend que Brutus lui-même faisait valoir son argent

____

1. *Ad. Attic.*, VI, 2.

dans l'île de Chypre à raison de 4 pour 100 par mois. Lucullus (1), commandant l'armée d'Asie contre Mitridate, trouva la province dévastée par l'usure. Ce général établit que le taux des usures ne dépasserait pas la centesime, c'est-à-dire 1 pour 100 par mois et que les intérêts cesseraient de courir, dès qu'ils auraient atteint le sort principal. L'usure, tout en étant moins effrayante à Rome, était loin d'y avoir disparu; les guerres civiles avaient fait tomber en désuétude les lois sur l'usure semi-oncière. Au milieu des luttes entre Marius et Sylla, l'assassinat des créanciers devint un moyen fréquent d'acquitter les dettes. Les débiteurs assassinaient les créanciers : quelquefois les créananciers s'en vengeaient en assassinant les amis de la plèbe. Le préteur Asellio, en 664, ayant, à la suite d'une sédition, cru devoir remettre en vigueur les anciennes lois sur l'usure, fut assassiné.

57. — Dans cette période de guerres civiles qui précède l'empire, le besoin de se concilier la faveur du peuple, obligea les chefs de partis à prendre des mesures favorables aux débiteurs. Sylla permit de payer les dettes avec les terres engagées pour garantir ces dettes : ces terres restées en friche étaient très dépréciées, et les créanciers durent les prendre pour leur prix d'avant la guerre.

Plus tard, on demanda à César l'abolition des dettes : il n'osa pas aller jusque là, et se contenta de renouveler la mesure prise par Sylla.

---

1. Plutarque, *Vie de Lucullus*, trad. d'Amyot, n° 25.

La loi sur l'usure semi-oncière étant absolument méconnue, un sénatus-consulte de 703, consacra l'usage
nouveau de la *centesima usura*. Ce taux resta toujours en
vigueur : on le voit usité sous Néron (1), le jurisconsulte
Paul (2) en fait aussi mention.

58. — Avec l'empire, la situation matérielle du peuple
devient meilleure. Les légionnaires sans solde autrefois, sont
maintenant comblés de faveurs, le peuple reçoit des distri-
butions de pain et d'argent. En même temps le numéraire
devient plus abondant, le commerce plus prospére. L'ère
des crises et des révoltes provoquées par la misère et l'excès
des dettes est fermée : il s'en faut toutefois que l'usure ait
complètement disparu.

Mais en même temps que la misère est moindre, les
rigueurs de l'ancienne législation ont été adoucies. Auguste
a décidé que le débiteur pourrait, en faisant l'abandon
volontaire de tous ses biens (*bonorum cessio*), échapper
à l'emprisonnement et à l'infamie.

59. — Cependant la violation des lois sur l'usure ame-
nait de violentes réclamations. « Sous le règne de Tibère,
dit Tacite, une grande foule d'accusateurs vint tout à coup
fondre sur ceux qui s'enrichissaient par l'usure au mépris
de la loi du dictateur César sur le prêt à intérêt et la possession des biens-fonds en Italie. » Parmi les prêteurs,
figuraient un grand nombre de sénateurs : le prince leur

1. Senec. VII. *De benef.*, 10, 2.
2. L. 40. *De reb. cred. Sent. lib.* 2, t. 14, § 2.

accorda dix-huit mois pour prendre des engagements conformes à la loi. Comme on manquait d'argent, le sénat décida que le tiers des dettes serait payé en biens-fonds. Enfin Tibère dut venir au secours des débiteurs, en prêtant un million de sesterces sans intérêt pour trois ans, à condition que le débiteur s'engagerait du double en hypothèque sur des biens-fonds.

Les ravages de l'usure nous sont encore attestés par le sénatusconsulte Macédonien, rendu sous le règne de Claude ou de Vespasien. On dut annuler les prêts faits aux fils de famille, parce que ceux-ci s'endettaient et assassinaient leurs pères pour se délivrer des obsessions de leurs créanciers.

Ce n'étaient plus seulement les sénateurs qui prêtaient à usure : c'étaient aussi des affranchis, enrichis par le négoce et cherchant à grossir rapidement leur fortune, des vétérans enrichis par la guerre, surtout des chevaliers qui avaient su acquérir de grandes fortunes. Il y avait mille moyens d'éluder les lois. On prêtait au taux légal en stipulant que si cet intérêt n'était pas exactement payé, le débiteur serait tenu du double ou du triple à titre de peine : on retranchait du sort principal prêté, une certaine somme à titre de rémunération, ou enfin on exigeait un supplément en marchandises ou en deniers. La prohibition n'avait pas de sanction pénale ; mais les intérêts étaient réduits au taux de la loi.

60. — Nous ne trouvons pas avant Justinien de nouvelle loi sur la matière : c'est en vain que le christianisme

grandissant cherchait à réagir contre l'usure, il ne parve-
nait pas à extirper un mal aussi invétéré. L'Église lutta
contre le principe même du prêt à intérêt : elle ne put
obtenir des empereurs que des lois limitatives du taux. Au
moyen âge, où la barbarie du temps rend le prêt moins
nécessaire, où la foi est plus ardente, elle arrivera à faire
prohiber absolument l'intérêt. On ne peut s'étonner de
voir le christianisme aussi hostile à l'intérêt : les sages de
l'antiquité l'avaient réprouvé, les jurisconsultes, les historiens Romains s'élevaient contre l'usure : une religion
proposant à ses adeptes un idéal de perfection morale, ne
pouvait se montrer moins stricte, et devait être plutôt portée
à exagérer la répulsion qu'inspirait l'usure.

Mais l'Église ne put tout d'abord faire prévaloir sa doctrine ; au moment où elle triomphe avec Constantin, elle
n'impose pas à l'empereur de décréter la prohibition. Nous
voyons au contraire une loi de Constantin maintenir le taux
de 12 pour 100 pour l'intérêt de l'argent, et le fixer à 50
pour 100 pour les fruits secs et les liquides. Or, avant de
prendre une décision importante, Constantin consultait toujours les évêques : on peut donc affirmer que cette loi eut
l'approbation de l'épiscopat.

61. — Cependant de graves désordres se produisaient
parmi les clercs orientaux. Loin de donner l'exemple de la
charité et du désintéressement, leurs mœurs dissolues, leur
avarice sordide appelaient une répression sévère. L'usure
leur fut interdite : mais la prohibition ne fut pas étendue

aux laïcs, desquels l'Église ne pouvait exiger le même degré de perfection morale.

Le 44ᵉ canon des apôtres, remontant à l'an 305 environ, et le plus ancien, est formel : *episcopus aut præsbyter aut diaconus, usuras a débitoribus exigens uut desinat, aut certe damnatur.* »

Le premier concile d'Arles tenu en 314 frappe d'excommunication (canon 12) les ecclésiastiques qui se livrent à l'usure.

Ces défenses restaient sans effet : le concile de Nicée (canon 17) nous apprend que des clercs ont oublié le précepte divin : tu ne prêteras pas à usure, et renouvelle la prohibition.

62. — Jusqu'ici les clercs sont seuls en cause ; mais si l'épiscopat ne crut pas devoir étendre la prohibition aux laïcs, les premiers docteurs de la loi Lactance, Tertullien s'élèvent avec violence contre l'usure.

Au ivᵉ siècle, sous le règne de Valère, saint Basile, évêque de Césarée en Cappadoce, puis saint Grégoire, évêque de Nyssa, autre père de l'Église Grecque, se font les adversaires acharnés de l'usure.

Saint Grégoire s'étonne que l'épiscopat ait laissé le crime d'usure impuni. Saint Chrysostôme le condamne, quoique permis par la loi civile : « *nec de illis quidquam dicam quæ exterioris sunt legis. Nam et publicanus exteriorem servat legem, et tamen punitur.* »

Les efforts des pères Grecs furent vains. Justinien comprit qu'on ne pouvait anéantir l'usure, et chercha seulement à la modérer. Aux personnes illustres, qui doivent donner l'exemple de désintéressement il ne permet qu'un faible intérêt « *tertiam centesimæ partem*, 4 pour 100. Pour ceux qui font le commerce, le taux maximum est double, et peut même dans certains cas s'élever plus haut. Enfin pour les autres classes, il autorise « *dimidiam tantum centesimæ usurarum.* » Il ne rappelle pas la peine du quadruple rétablie par Valentinien.

63. — Basile prohiba absolument le prêt à intérêt, mais son fils Léon le philosophe remit en vigueur les lois de Justinien .

L'Église d'Orient elle-même dut tempérer les rigueurs de la prohibition. Le concile *in Trullo* ne défendit l'usure qu'aux clercs supérieurs, c'est-à-dire à l'évêque, aux prêtres et aux diacres, et seulement les usures centésimes, qui étaient les plus fortes. « *Episcopus aut præsbyter aut diaconus, qui usuras vel quæ dicuntur centesimas accepit, vel cessat, vel deponatur.* »

D'ailleurs la subtilité grecque avait trouvé moyen d'échapper aux prescriptions du concile de Nicée : on avait inventé la combinaison dite des trois contrats, sur laquelle nous reviendrons.

Le prêt à intérêt continuait à être pratiqué sans difficulté par les laïcs.

64. — Voyons maintenant ce qui se passait dans l'Église Latine. Les pères de l'Église, saint Ambroise, saint Jérôme s'élevaient avec violence contre le prêt à intérêt : mais longtemps, les conciles ne le frappèrent pas. Cependant, à

mesure que déclinait la puissance des empereurs, celle de l'Église allait grandissant, et elle devait chercher à mettre en pratique ses enseignements. Mais, si l'ascendant de l'Église profitait du déclin de la puissance civile, la souveraineté pontificale s'exerçait de plus en plus difficilement, surtout dans les parties éloignées de l'empire.

En vain saint Léon dans une lettre décrétale ordonna de réprimer l'usure avec sévérité : le prêt à intérêt était entré dans les mœurs, il resta en vigueur, notamment dans les Gaules. Nous voyons encore au vi^e siècle Didier, évêque de Verdun, emprunter 7000 écus au roi Théodebert et lui dire, d'après le récit de Grégoire et Tours : *pecuniam cum legitimis usuris reddemus.* Au viiie siècle, le concile de Northumberland, tenu l'an 787, défendit l'intérêt du prêt comme étant condamné par la loi de Dieu : *Uusuras prohibemus, dicenti Domino ad David dignum fore habitatorem tabernaculi sui, qui pecuniam suam non dederit ad usuram.*

SECTION IV. — *L'intérêt conventionnel depuis la chute de l'empire romain jusqu'en 1789.*

65. — En réalité, la tolérance de l'usure dura jusqu'aux capitulaires : jusqu'à cette époque, les lois impériales sur l'usure restèrent en vigueur. Le capitulaire d'Aix-la-Chapelle de 789, édicté dans une assemblée des évêques et des grands du royaume, prohibe l'usure : « *omnino omni-*

bus interdictum est, ad usuram aliquid dare » et le capitulaire de 813 mettant sur la même ligne clercs et laïcs : « *usuram non solum clerici, sed nec laïci christiani exigere debent.* »

En même temps, les conciles se prononcent contre le prêt à intérêt : ceux de Reims, de Mayence, de Châlons, tenus tous les trois en 812 condamnent les usures qu'ils appellent *turpia lucra*. Le concile d'Aix-la-Chapelle tenu en 816 en présence de Louis le Débonnaire, se prononça dans le même sens. La prohibition fut renouvelée sous ce prince (capitulaire tiré du sixième concile de Paris, 819). Le concile de Paris, tenu en 850 sous Charles le Chauve contient une défense générale d'exercer les usures, et ordonne aux créanciers de restituer ce qu'ils ont reçu de plus que le capital. Enfin il donne l'ordre d'excommunier à l'avenir les laïcs qui se livreront à l'usure, sévère sanction qui fut maintenue pendant tout le moyen-âge. Par usure on entend tout prêt à intérêt, quelque modéré que soit l'intérêt.

66. — La doctrine de l'Eglise était désormais fixée : mais elle ne prévalut pas sans lutte. Au moment de la renaissance des études de droit romain, l'usure telle que la permettaient les lois romaines, apparut à beaucoup de jurisconsultes comme un contrat licite : les scrupules des créanciers tendirent à s'affaiblir, et l'usure reprit faveur. Le concile général de Latran blâma cette tendance. Un théologien du xiii° siècle, Henri de Gand, déclara que les jurisconsultes doivent être considérés comme suspects sur

la question de l'usure, qu'on doit s'en tenir à l'opinion des théologiens et à celle d'Aristote.

Le concile de Latran renouvela les peines contre les usuriers publics : excommunication, privation de sépulture ecclésiastique, s'ils persévèrent. Les papes, les évêques, les assemblées du clergé, firent tous leurs efforts pour assurer l'observation des prescriptions ecclésiastiques. Le concile de Vienne frappa d'excommunication les magistrats des villes qui maintiendraient des statuts autorisant le paiement des usures convenues. Innocent III, malgré le respect que professait l'Église à l'égard du serment, décida qu'il ne fallait pas tenir compte du serment qu'aurait fait le débiteur de payer des intérêts. En même temps le pouvoir séculier se joignait à l'Église pour défendre l'usure, l'ordonnance de Melun de 1211 défendait de retirer du prêt aucun profit, sous quelque forme que ce fût : nous entendons par usure, dit cette ordonnance, tout ce qui est au-dessus du capital.

67. — Nous avons vu que des raisons de pure morale, l'exemple des philosophes païens avaient porté à l'origine sur le prêt à intérêt la défaveur de l'Église : mais ces seules considérations eussent été insuffisantes pour maintenir pendant des siècles la prohibition. Elle était fondée sur des passages de l'ancien et du nouveau Testament, de l'évangile selon Saint-Luc, sur les écrits des pères de l'Église, les canons des conciles, les décrétales des papes. Nous devons examiner les principaux arguments sur lesquels reposait cette doctrine et les discuter.

Le texte le plus célèbre est le suivant : *mutuum date, nihil inde sperantes* : prêtez sans intérêt. Prise à la lettre, cette maxime avait été érigée en règle obligatoire pour tous. On ne comprit pas que ce passage ne faisait que donner un conseil aux fidèles, et non un ordre. Bien d'autres passages des livres saints doivent être interprétés de même : ne vous préoccupez pas du lendemain. — Faites comme le lis qui ne file, ni ne tisse. —Faites comme l'oiseau qui ne laboure, ni ne sème.— Assurément ce ne sont pas là des conseils qu'il faille suivre à la lettre. D'ailleurs, la phrase dont il s'agit fait partie d'une série de maximes, connues sous le nom de conseils évangéliques : c'est un modèle de perfection chrétienne, proposé à la piété des fidèles, mais que tous ne peuvent atteindre. La lecture entière du passage contenant notre maxime ne laisse aucun doute sur le sens qu'elle peut avoir : « *verum tamen diligite inimicos vestros, benefacite et mutuum date, nihil inde sperantes et erit merces vestra multa, et eritis filii altissimi qui ipse benignius est super ingratos et malos.* »

Les autres passages de l'ancien testament, invoqués par les théologiens doivent être interprêtés de même. Les conciles s'étaient prononcés formellement en sens contraire : les catholiques ne pouvaient donc, quelque doute qui s'élevât dans leur esprit, que se soumettre à cette fausse interprétation.

68. — On s'efforçait même de démontrer que le prêt à intérêt est contraire au droit naturel. « Ne vous ayant donné qu'une somme d'argent, dit Pothier, je ne puis

donc exiger de vous rien de plus que cette somme, sans violér la règle de l'équité qui, dans tous les contrats, ne permet pas à l'une des parties d'exiger plus de l'autre, que ce qu'elle lui a de son côté donné, ou s'est obligée de lui donner. » Il semble que, considérant le prêt à intérêt comme contraire au droit naturel, on eût dû le prohiber absolument : cependant dans toute la durée du moyen-âge, les Juifs et les Lombards furent exceptés de la prohibition. Dumoulin (1) cite cette contradiction des principes, qui défendent l'usure, les rois cependant « relâchant la prohibition moyennant gros butins à qui il leur plaisait, et faisant avec les juifs tel cruel monopole pour manger et détruire leurs pauvres sujets. » La tenue des banques et l'érection des tables de prêt étaient un privilège régalien que le prince concédait à prix d'argent (2). Les princes, ayant toujours de nouveaux besoins d'argent, avaient ainsi le moyen de sortir d'embarras aux dépens des malheureux débiteurs, sur qui retombaient les exigences des rois : les juifs étaient autorisés à retenir de leurs prêts des usures si fortes, qu'elles doublaient le principal en trois ans et quatre mois (3).

69. — Il y eut toutefois des rois plus scrupuleux, qui interdirent l'usure même aux Juifs. L'ordonnance de 1254, rendue sous le règne de saint Louis, porte injonction aux Juifs d'avoir à cesser leurs usures. La même ordonnance

1. N° 66.
2. Saumaise. De trapezit. fœnor. p. 522.
3. Dum. De usuris, p. 64 et suiv.

abandonne à la juridiction des évêques les fidèles qui s'adonnent à l'usure, réservant au roi la juridiction sur les Juifs : les contrevenants durent être chassés du royaume.

70. — Il était impossible de se passer du prêt à intérêt et on devait nécessairement se relâcher de ces rigueurs. L'ordonnance de Poissy, rendue par Philippe-le-Bel en 1312, punit de la confiscation de corps et de biens les usuriers, mais seulement ceux qui exercent des usures excessives : quant aux usures modérées, elles sont aussi défendues, mais ne motivent pas l'application de ces peines rigoureuses. « ..... Réprouvons et défendons toutes manières d'usures de quelques quantités qu'elles soient causées, comme elles sont de Dieu et des saints Pères défendues ; mais la peine de mort et d'avoir dessusdite nous ne mettons mie, fors contre ceux qui les plus grosses usures recevront, useront ou fréquenteront. Mais pour ce, nous ne souffrons mie usures de menue quantité ; ainsi voulons être donnée simplement et de plein, barre et défense à tous ceux à qui seront demandées, afin qu'ils ne les soient tenus de payer et répétition de ceux qui les auront payées, de quelque manière ou quantité soient icelles usures. »

71. — Une ordonnance de Philippe-le-Bel rendue en 1329 « enjoint aux italiens et oultremontains presteurs et casseniers d'aller aux foires de Champagne, à peine d'expulsion du royaume. » Lorsque ces presteurs ne dépassaient pas 20 pour 100 dans leurs usures, on les trouvait modérés. En 1349, une nouvelle ordonnance règlemente

les foires de Champagne et y permet le prêt à intérêt au taux de 15 pour 100.

72. — Les Juifs et les Lombards étaient à peu près maîtres du marché des capitaux, et pouvaient ainsi exiger des intérêts énormes. Du reste, soumis à des taxes spéciales, sans cesse exposés à voir leurs biens saisis par un caprice royal, en proie à la haine et au mépris public, ils devaient faire payer tout cela à leurs débiteurs. Bien, des fois les Lombards furent dépouillés, puis chassés, pour être bientôt rappelés, puis chassés encore une fois. S'ils finirent par s'établir en Europe sous la protection intéressée des rois, l'autorité ecclésiastique maintint contre eux toute sa sévérité : on discutait encore au xviie siècle, si les Lombards devaient être maintenus en état d'excommunication. Quant aux Juifs, l'Église ne pouvant recourir à l'encommunication, excitait contre eux les princes, défendait aux fidèles sous peine d'excommunication d'avoir aucun commerce avec eux. Cependant le quatrième concile de Latran en 1215, ne défend aux juifs que les usures immodérées.

73. — Malgré la permission qui leur était officiellement donnée, les Juifs pallièrent souvent leurs usures, soit que l'autorisation du prince ne leur parût pas une garantie suffisante, soit que le taux des usures permises ne leur parût pas assez élevé ; des chrétiens cherchaient aussi à éluder la loi et l'usure prit mille formes détournées.

Les trois contrats, dont l'invention remonte à une époque reculée furent employés avec succès. On commençait par faire un contrat de société avec un négociant : on apportait à la société 10,000 fr., par exemple, et le négociant 30,000 : à ce contrat très licite, on joignait un contrat d'assurance par lequel on vendait sa part éventuelle de bénéfices pour une somme fixe, par exemple, 500 francs par an. Enfin, comme on eût pu ne pas retrouver son capital intact à la fin de la société, on vendait au négociant moyennant 10,000 francs la part, quelle qu'elle fût, à laquelle on aurait droit à la dissolution de la société. Pour les casuistes, c'était la vente d'un plus grand gain espéré pour un profit moindre et certain. Si on leur opposait que ces trois contrats n'étaient autre chose qu'un prêt à intérêt, ils répondaient que la combinaison de trois contrats, tous licites, ne peut rien produire d'illicite. Cette doctrine trouva en France beaucoup de partisans : mais tous les esprits sincères la condamnaient : pour Pothier, ce n'est qu'une illusion de la cupidité. Il est bien évident que le but des parties et le résultat auquel elles arrivent n'est autre chose qu'un prêt à intérêt.

Les trois contrats furent condamnés par Sixte-Quint dans une bulle de 1586, ainsi que les sociétés en commandites ou autres dans lesquelles l'une des parties stipule des profits certains sans que son capital coure de risques.

73. — Un autre contrat, rendu célèbre par les discussions auxquelles il a donné lieu, est le mohatra. Pierre vend à Paul 1000 francs de marchandises, payables dans six mois : puis Paul revend de suite à Pierre les mêmes marchandises pour 800 francs. Cela revient évidemment à

un prêt de 800 francs, fait par Pierre qui au bout de six mois en touchera 1,000 : c'est un prêt déguisé sous forme de vente. Les jésuites soutenaient la validité de ce contrat, et Pascal dans une de ses plus mordantes satires combattait cette doctrine subtile : « eh bien ! mon père, ce contrat est-il permis? — Escobar, répondit le père, dit au même lieu que les lois le défendent sous des peines très rigoureuses. — Il est donc inutile ? — Point du tout, car Escobar, au même endroit, donne des expédients pour le rendre permis. Encore même, dit-il, que celui qui vend et qui achète, ait pour intention principale le dessein de profiter, pourvu seulement qu'en vendant il n'excède pas le plus haut prix des étoffes de cette sorte, et qu'en rachetant il n'en passe le moindre et qu'on n'en convienne pas auparavant en termes exprès.... Vous voyez assez par là l'utilité du mohatra (1).

74. — On dissimulait encore les intérêts de l'argent sous forme d'intérêts moratoires, qui étaient le prix de délais convenus : on avait recours à l'antichrèse, au contrat pignoratif : mais les canonistes étaient devenus très habiles à démêler l'usure sous toutes ses formes. Les jurisconsultes se joignaient aux canonistes pour poursuivre l'usure. Il y a usure, dit Pothier, toutes les fois qu'il y a « *lucrum ex mutuo exactum.* » Il suffit qu'on retire du prêt un profit quelconque : on ne pourrait prêter des tonneaux de vin en fûts vieux, à condition d'obtenir en échange de fûts neufs

---

1. 8° Provinciate.

quand même les vieux vaudraient autant que les neufs au moment où ils sont rendus. Le prêteur ne pouvait stipuler que l'emprunteur ferait quelque chose pour lui, qu'il lui rendrait un service appréciable en argent. Pothier n'admettait pas l'opinion de casuistes qui voyaient une usure dans le fait du prêteur demandant à l'emprunteur de lui rendre le même service à l'occasion.

75. — Les conventions entachées d'usure ne produisaient aucune obligation, pas même d'obligation naturelle, l'emprunteur se fût-il obligé par la religion du serment. Les peines prononcées par les lois civiles étaient sévères, les décrétales y avaient ajouté la nullité du testament de l'usurier, sanction manifestement abusive, dit Pothier : Jésus-Christ ayant déclaré que son royaume n'est pas de ce monde, la puissauce ecclésiastique est toute spirituelle et elle ne s'étend pas aux choses séculières : elle ne peut par conséquent infirmer les testaments des usuriers.

76. — On alla jusqu'à défendre l'escompte. Pothier n'eut pas de peine à démontrer que l'escompte et l'intérêt étant de même nature, doivent être traités de même. Mais les villes de commerce protestèrent contre une prohibition incompatible avec les besoins du commerce. L'évêque de Gênes consulta le pape Alexandre III, qui fit une concession : quand la marchandise vendue devait, d'après les justes prévisions du vendeur, augmenter de valeur, et qu'il n'avait avancé l'époque de la vente que pour faire plaisir à l'acheteur, il pouvait en retirer profit : dans toute autre circonstance il commettait un péché.

On fit les plus grands efforts pour plier le commerce à cette doctrine. Mais ce fut en vain. Saint Thomas soutint ce système en disant que faire l'escompte, c'est vendre le temps : *tempus venditur quod omnibus commune est*. Le concile de Bordeaux confirma cette opinion. Rien n'y fit : l'escompte gratuit était la négation même du commerce ; les plus grands efforts furent faits pour y échapper. De là naquirent les contrats de change, d'assurance, de constitution de rente, de rente viagère.

77. — Le contrat de change n'était pas un prêt à intérêt ; cependant, tout d'abord, les canonistes y virent une usure palliée, et jetèrent ainsi le trouble dans les consciences. Les jurisconsultes firent du change une analyse exacte, montrant qu'il est tout à fait distinct de l'intérêt : une partie des canonistes se rallia aussitôt à leur doctrine, qui finit par triompher absolument. On se servit avec succès du change pour dissimuler l'usure dans les foires et les places de commerce. On compliqua la question par des distinctions et une terminologie peu intelligibles : on distingua le change proprement dit, le change sec qui n'est qu'un prêt usuraire, le rechange, le contre-change. L'Église chercha à réagir contre ces violations indirectes de la loi : une bulle de Pie V, de 1571, condamna les changes secs ; mais les canonistes se perdaient dans toutes ces distinctions et l'on dut s'en remettre à la conscience des parties, qui ne se firent pas faute d'en profiter. « L'on observe peu en France, dit Bugnon (1), les lois canoniques sur l'usure :

1. *De legib. abrog.*, lib. 2, sect. 3.

on y fait impunément des changes et autres contrats usuraires ; l'usure se cache sous des changes et contrats obscurs, que nul œil de lynx ne peut pénétrer, les
causes feintes se trouvent tellement cachées sous des causes
légitimes, qu'il est presque impossible de les attaquer. On
s'en rapporte à la conscience des marchands timorés. »

78. — Les Monts de piété, malgré les services qu'ils
rendaient aux pauvres, ne furent pas acceptés sans contestation. La constitution de rente donna lieu à de longues
discussions, ainsi que la rente viagère. Dans cette dernière,
les chances de recevoir plus sont compensées par les chances de recevoir moins : mais, disait le théologien Henri de
Gand, le créancier a l'intention de vivre le plus longtemps
possible et de recevoir, par suite, plus qu'il n'a donné ;
c'est donc un cas d'usure mentale, condamné par les décrétales. La rente constituée devant amener une suite in-
définie de perceptions d'arrérages, le créancier devait recevoir plus qu'il n'avait donné : aussi quelques théologiens
en contestèrent la légitimité. Henri de Gand soutint que la
rente tombait sous le coup des prohibitions ecclésiastiques.
Les débiteurs de rentes, voulant exploiter cette doctrine,
crièrent à l'usure. Mais la rente constituée était le seul
moyen de tirer parti de l'argent, puisque le prêt était interdit. Des évêques, des communautés religieuses, la noblesse,
la bourgeoisie, étaient créanciers de rentes : aussi l'opinion
d'Henri de Gand rencontra-t-elle une résistance invincible,
et l'Église dut accepter ce qui n'était qu'une usure palliée.
Il faut remarquer, du reste, que dans la rente, le créan-

cier, n'ayant pas le droit d'exiger le remboursement, perd l'arme la plus redoutable avec laquelle il puisse abuser de la détresse du débiteur.

Une bulle de Martin V, en 1423, renouvelée par Calixte III en 1477, consacra la légitimité de la rente constituée, et en fixa le taux au denier 10, 10 pour 100.

79. — L'Église admit de bonne heure qu'une indemnité pouvait être légitimement reçue, à l'occasion d'un prêt qui avait été cause d'un « *damnum emergens* » et d'un « *lucrum cessans* », c'est-à-dire lorsqu'il avait causé une perte ou fait manquer un gain : par exemple, pour faire ce prêt on a vendu à perte des effets ou des marchandises. Le créancier ne percevait pas des usures, mais des intérêts compensatoires : l'opération était licite, parce que le créancier ne gagnait rien sur le débiteur.

Quand les rentes eurent été déclarées légitimes, les jurisconsultes s'emparèrent de ces concessions et dirent : si nous avions placé notre argent à rente, nous en aurions tiré 5 pour 100 ; si au lieu de cela nous le prêtons, nous avons le droit d'en retirer 5 pour 100, qui est le *lucrum cessans*. C'était le renversement de la doctrine de l'Église, aussi cette opinion ne put-elle triompher.

Dumoulin la combattit dans sa généralité et proposa des distinctions : suivant lui, on ne peut prêter à usure aux indigents, ni même à ceux qui sont dans la gêne, mais il est légitime de demander des intérêts à ceux qui empruntent pour faire le négoce ou augmenter la terre. Bossuet combattit ces distinctions. Pothier moins hardi que son maître

Dumoulin distingue : 1° l'usure lucrative ; 2° l'usure compensatoire, la première illicite, la seconde légitime, pourvu qu'elle soit la réparation d'un préjudice certain, *damnum emergens* ou *lucrum cessans*. A cette condition seule on peut retirer des intérêts d'un prêt fait à un commerçant. Il décide aussi que les capitaux des mineurs ne pourront être placés à intérêt : il était d'usage dans certaines villes de les placer dans le commerce, afin de ne pas les laisser improductifs, sans toutefois les engager dans des placements fonciers. Il repoussait enfin la différence qu'on voulait faire entre l'intérêt et l'escompte.

80. — L'autorité religieuse chercha par les conditions qu'elle imposait, à réduire le nombre des rentes. En 1569 le pape Pie V, dans la bulle *cum onus*, exigeait deux conditions pour que la constitution de rente ne fut pas usuraire : 1° qu'elle fût établie sur un fonds hypothéqué pour la garantie du paiement des arrérages; 2° que l'immeuble venant à périr la rente fût éteinte. Cette bulle qui ne visait que les sujets temporels du pape, ne fut pas observée en France, où l'Eglise exigea seulement qu'il y eût aliénation d'un capital inexigible.

En 1583 le concile de Bordeaux exigea la désignation d'un fonds frugifère que le créancier fut censé avoir acheté à juste prix. Mais cette prescription ne fut pas observée même dans la province de Bordeaux. Enfin le pape Benoist XIV reconnut qu'aucun pape n'avait prononcé de sentence formelle contre les rentes et que les coutumes légitimement établies avaient pu déroger à la bulle de Pie V.

81. — Malgré de nombreuses concessions aux usures publiques, la prohibition principale était toujours sévèrement maintenue. Louis XII, dans une ordonnance de 1510, allait jusqu'à défendre aux notaires de recevoir des contrats usuraires, sous peine d'être privés de leur charge et condamnés à une amende arbitraire, et l'article 66 de cette ordonnance ajoute : « afin que chacun soit plus enclin à dénoncer ceux qui commettent usures, ordonnons que ceux qui les dénonceront à justice auront la tierce partie des amendes qui adviendront. »

Ces dispositions furent reproduites sous le règne de François I en 1535, François II renouvela les prescriptions de ses prédécesseurs.

Des dispositions étaient prises pour réprimer les manières indirectes de faire l'usure. L'ordonnance d'Orléans de 1560 dit dans son article 142 : défendons à tous marchands et autres, de quelque qualité qu'ils soient, de supposer aucun prêt de marchandises, appelé perte de finance laquelle se fait par revente de la marchandise, à personnes supposées, et ce à peine contre ceux qui en useront, en quelque sorte qu'elle soit déguisée, de punition corporelle et confiscation de biens, sans que nos juges puissent modérer la peine.

82. — Sous Charles IX la constitution de rente est toujours autorisée au denier douze : ce prince renouvelle les ordonnances de ses prédécesseurs, et punit les usuriers de confiscation et de bannissement dans une ordonnance en 1572 : pour extirper les usures de notre pays, terres et

seigneuries en notre obéissance, nous en suivons plusieurs édits et ordonnances de nos prédécesseurs rois, nous avons icelles usures prohibées et défendues, prohibons et défendons sous peine de confiscation de tous les biens, meubles et immeubles de ceux qui seraient convaincus en avoir commis aucune, et lesquels biens dès à présent comme dès lors, avons déclaré à nous acquis et confisqués et où lesdites personnes seraient continuant à commettre les dites usures, voulons et ordonnons iceux être bannis à perpétuité hors de nos royaux pays, terres et seigneuries : sans que notre cour ou autres juges puissent modérer les amendes ci-devant déclarées, sous peine d'en répondre en leurs propres et privés noms.

83. — Sous Henri III nouveaux édits en 1576, 1577, 1579. Le clergé de France manifeste une fois de plus son horreur de l'usure. Les évêques assemblés à Melun en 1579 déclarent « *usuram lienis instar inflati, et totum corpus maudum efficientis, omnem rempublicam enervare.* »

84. — Mais la réforme, en se prononçant pour le prêt à intérêt, donna une nouvelle force à la réaction contre les maximes de l'Eglise. Calvin avait victorieusement réfuté la théorie d'Aristote : il avait soutenu que la défense des livres saints n'était relative qu'aux prêts faits aux pauvres, et non au prêt de commerce. Dumoulin, jurisconsulte calviniste, discutant les textes de l'Ecriture, que seule jusque-là, l'Eglise avait osé interpréter, contesta que l'usure modérée fût illicite : il montra que les lois romaines étaient bien plus favorables à l'intérêt général que les lois can niques.

Grotius développa la théorie de Dumoulin. La nouvelle doctrine eut des partisans jusque dans le parlement; mais Henri II en jetant en prison Anne Dubourg et les conseillers suspects de protestantisme empêcha le mouvement de se propager.

85. — On avait autorisé la perception d'un intérêt en cas de « *damnum emergens* » et de « *lucrum cessans* ». Mais les docteurs de province, plus rétrogrades que leurs confrères de la Sorbonne, combattirent cette doctrine, s'appuyant sur des textes de Moïse, de David, d'Ezéchiel, sur l'Evangile qui n'avait pas fait mention du *lucrum cessans*, enfin sur l'autorité de saint Thomas : ils ne purent faire triompher leur opinion.

86. — Le taux des rentes, fixé à l'origine à 10 pour 100, n'était pas exagéré : on sortait à peine de la guerre de Cent ans qui avait ruiné le commerce et réduit beaucoup de gens à la misère. A partir du règne de Charles VIII, les guerres devinrent moins générales, la masse des métaux précieux augmenta par les importations d'Amérique, et le taux baissa peu à peu.

Un édit de 1572 fixa le maximum à 6 pour 100 : il ne fut pas observé, et un édit de 1574 le révoqua. Henri IV fixa le taux au denier 16 (1602), Louis XIII au denier 18 (1634), Louis XIV au denier 20 (1665). Un édit de 1720 l'abaissa brusquement du denier 20 au denier 50 : mais ce ne fut qu'une tentative malheureuse de Law, pour porter la faveur du public sur le papier monnaie qu'il venait d'émettre. En 1724 un édit autorisa le denier 30, en

1725 le denier 20, qui est resté le taux légal et le plus usité.

Dès le règne d'Henri IV, non-seulement la rente constituée, mais le prêt à intérêts se trouvait en fait pratiqué : ce contrat était d'autant plus nécessaire que les guerres de religion avaient appauvri et ravagé les provinces : il se propagea dans le ressort du parlement de Paris et quand les débiteurs de mauvaise foi voulurent faire imputer sur le capital les intérêts payés, les meilleures familles, les communautés religieuses qui avaient prêté à intérêt eurent recours à Henri IV et obtinrent satisfaction. Le roi, pour ne pas se mettre en contradiction avec la jurisprudence du parlement, se contenta de convertir en rentes perpétuelles les obligations du prêt.

C'est en vain qu'on avait multiplié les prohibitions et les peines : « nonobstant ces ordonnances, dit Pothier, l'usage des prêts à intérêts était devenu si commun dans les provinces de Berry et d'Anjou, pendant les troubles du royaume, qu'il porta Henri IV à tirer un voile sur le passé, en validant pour le passé dans ces provinces tous les intérêts illicitement stipulés et exigés par les prêteurs, sans que les débiteurs pussent être reçus à en faire l'imputation sur le principal, à la charge néammoins que le principal demeurerait aliéné pour l'avenir, et le prêt converti en une constitution de rente (1). »

87. — Pendant ce temps, les provinces de droit écrit,

---

1. Ord. du 17 février 1605 pour le Berry, et du 14 mars pour l'Anjou.

malgré l'ardeur de leur zèle religieux, restaient fidèles aux lois Romaines, les parlements ne faisaient pas respecter les ordonnances sur l'usure. Le clergé lui-même avait recours à l'emprunt, et prétendait se justifier en disant qu'il ne pent être défendu d'emprunter, dans le cas de grandes et importantes nécessités.

88. — Dans les villes de commerce, l'usure était pratiquée, soit sous la forme détournée de la lettre de change, soit sous la forme de billet ; les tribunaux étaient réduits à l'impuissance. A Lyon, dont les foires trimestrielles avaient remplacé celles de Champagne, les marchands, par privilège de Philippe-le-Bel et de Philippe VI, arrêtaient en commun le taux de l'intérêt. Pothier prétendait excuser l'escompte pratiqué entre marchands dans les foires, par cette considération, que « le marchand qui retient un escompte sur le prix d'un billet, payable au bout d'un certain temps, qu'il prend en paiement, compte le commercer incontinent, et le donner lui-même en paiement à un autre marchand, qui lui retiendra un pareil escompte, et c'est en compensation de celui qu'on lui retiendra, qu'il a fait payer un escompte à celui de qui il a reçu le billet. » Le taux fixé à 15 pour 100 par Philippe-le-Bel s'abaissa jusqu'à 8 pour 100 environ, pour devenir à 18 pour 100 au temps de Dumoulin. Des commerçants, le pratique du prêt à usure passa aux particuliers, dont le commerce de Lyon appelait les fonds.

89. — Cependant la controverse continuait toujours : on trouvait encore des jurisconsultes, comme Domat, pour

soutenir que l'intérêt de l'argent n'était autre chose qu'une rapine et une abominable extorsion. Pothier reprenait l'argument de la stérilité de l'argent et de l'impossibilité de vendre le temps.

Montesquieu qui avait été magistrat, ne pouvait prendre ouvertement parti pour le prêt à intérêt, défendu par les lois : mais cherchant l'histoire des enseignements, il montrait les excès de l'usure causés à Rome par les lois « extrêmes dans le bien », la prohibition du prêt à intérêt par Mahomet, loin d'arrêter le mal, ne faisant qu'en favoriser les progrès.

90. — Enfin les économistes devaient porter à l'ancienne théorie, les derniers coups. Turgot, attaquant directement la prohibition, montrait le prêt partout usité malgré les lois, et concluait hardiment à ce qu'il fût laissé aussi libre que les autres contrats licites.

91. — Jusqu'alors on n'avait pas osé toucher aux ordonnances. Le père Sémélie rapporte que Colbert voulut autoriser par une loi générale le prêt de commerce en France, mais qu'il en fut détourné par les raisons que lui allégua la faculté de théologie (1).

92. — Enfin la Constituante consacra la théorie de Turgot en décrétant la légitimité de l'intérêt, toutefois elle réservait à l'Etat le droit d'en fixer le taux. La puissance ecclésiastique n'admit pas sans résistance le nouvel état de choses : le clergé fut longtemps divisé sur cette question.

1. Confer. de Paris, Tome 2, conf. 1er § 11.

Sous la Restauration, le cardinal de la Luzerne publia un long ouvrage dont les conclusions sont favorables au prêt à intérêt : il soutint cette thèse singulière que l'Église n'avait jamais interdit le prêt de commerce. Tout d'abord il fait remarquer que dans les premiers temps, l'Église considère comme licite le prêt à intérêt, puisqu'elle ne le défend qu'aux clercs. Quand plus tard, pour mettre obstacle aux progrès de l'usure, elle prohibe le prêt, c'est en faisant les concessions nécessaires ; elle tolère les intérêts compensatoires, elle ne prohibe pas non plus le prêt de commerce. Car, dit le cardinal, lorsqu'on prête à un pauvre pour acheter du pain, on fait bien un *mutuum*, un prêt de consommation, il ne restera rien au pauvre quand il aura mangé le pain. Mais dans le prêt de commerce, on ne consomme pas la valeur reçue, au contraire on l'augmente, il est naturel qu'une partie de l'augmentation revienne au prêteur. Cette doctrine a-t-elle été professée par l'Eglise ? Oui, affirme le cardinal ! Saint-Célestin V, dans un ouvrage composé avant son exaltation, permet l'usure « *ratione incrementi* » c'est-à-dire en raison de l'accroissement. On ne peut discuter cette interprétation : l'expression est assez vague pour les permettre toutes. L'auteur affirme que nul texte ne contredit sa distinction. Cependant Benoît XIV, dans un espèce très claire, a condamné le prêt de commerce. A cela le cardinal répond : Benoît XIV a autorisé les trois contrats, qui ne sont autre chose qu'un prêt : on peut supposer qu'il permet sous une forme ce qu'il défend sous une autre. Ce n'est pas un argument bien sérieux. D'ailleurs si nous avons cité une doctrine qui nous paraît peu soutenable, c'est pour montrer comment le haut clergé s'efforçait de mettre d'accord les pouvoirs civils et l'Eglise : l'opinion d'un haut dignitaire de l'Eglise dut peser d'un grand poids sur les tendances du clergé.

Mais l'accord fut loin d'être absolu.

93. — En 1822, sous le règne de Pie VII, un ecclésiastique ayant refusé d'absoudre une personne qui avait prêté à intérêts, celle-ci en référa aux cardinaux formant la congrégation du Saint-Office. La réponse fut qu'il n'y avait pas lieu en ce moment de trancher la question, mais qu'on ne devait pas, dans l'espèce, refuser l'absolution.

Quelques années plus tard, Pie VIII, en réponse à l'évêque de Rennes dont le diocèse était très partagé sur cette question, déclara : qu'on ne devait pas inquiéter les confesseurs qui absoudraient les prêteurs à intérêt, mais au contraire engager les confesseurs plus rigides à suivre leur exemple, jusqu'à ce que le Saint-Siège ait prononcé.

D'autres décisions ont depuis été rendues dans le même sens ; cependant les adversaires de prêt à intérêt n'ont pas désarmé. En 1838, l'abbé Pagès, docteur en théologie et professeur de morale de l'Académie de Lyon, dans une dissertation sur le prêt à intérêt, réédita toutes les anciennes erreurs. Cet écrit se propageant dans le diocèse de Lyon, l'évêque, pour prémunir son clergé contre ces doctrines, publia une circulaire où sont textuellement citées dix-sept décisions des autorités romaines, tendant à rassurer les consciences, et il termina ainsi : nous avons espéré qu'il arriverait à l'égard du prêt de commerce, ce qui est arrivé à l'égard des rentes perpétuelles, qui furent si violemment combattues dans le xv° et le xvi° siècle et qui aujourd'hui ne présentent plus de difficultés.

94. — La cour de Rome n'a pas rendu sur la question une décision définitive. Mais il est certain qu'on ne cherchera plus à inquiéter les consciences par une prohibition incompatible avec l'état économique actuel et on peut considérer comme tranchée en fait par la puissance ecclésiastique, comme par la puissance civile, la question de la légitimité de l'intérêt.

TROISIÈME PARTIE

DROIT ROMAIN

95. — Nous avons parcouru dans notre étude historique les diverses législations anciennes, relatives à l'intérêt conventionnel. Nous allons maintenant étudier en détail la convention d'intérêt au point de vue juridique, et tout d'abord en droit romain : nous rechercherons successivement la capacité nécessaire pour faire cette convention, les conditions de formes et de fonds exigées pour sa validité, enfin les effets de la convention régulièrement faite.

CHAPITRE I

96. — La capacité requise pour faire une convention d'intérêts, est la capacité requise en général, pour s'obliger. Elle suppose que les parties sont capables de transférer et d'acquérir la propriété. La promesse d'intérêts rend pire la condition de celui qui la fait : elle est donc interdite au pupille, sans l'*auctoritas* du tuteur (1). Si celui qui emprunte n'a pas la capacité de s'obliger, il n'est tenu que *quatenus locupletior factus est* (2). Ce sont là, du reste, des règles applicables à toutes les obligations.

97. — Lorsque la convention d'intérêts est jointe à un prêt d'argent, elle est soumise, comme ce dernier contrat, aux dispositions du sénatus-consulte Macédonien qui accorde au fils de famille ayant contracté un prêt d'argent avec ou sans intérêt, une exception contre l'action de son créancier.

98. — Arrivons aux règles de capacité qui sont spéciales à la convention d'intérêt. Les gouverneurs de province (3) ne peuvent faire ce contrat pour leur propre

1. Inst. Lib. 18, XXI, pr.
2. L. 5, pr. *De auct. et cons.*
3. LL. 33 et 4 D. *De reb. cred.* XII, 1.

compte, dans l'étendue de leur juridiction : il leur est même interdit de faire des placements à intérêt, par l'entremise d'un tiers. Le motif de cette disposition est évident : on craint que les gouverneurs ne soient tentés d'abuser de leur influence, pour imposer des conditions onéreuses, et on apporte à ce danger un remède radical en leur interdisant absolument ce contrat. L'entourage de gouverneur, qui pouvait inspirer les mêmes craintes, ses assesseurs (*consiliarii*), les personnes de sa maison, (*domestici*), étaient soumis à la même règle (1). Mais elle ne s'étendait pas aux personnes chargées de pourvoir à l'exécution des jugements (*officiales*) (2). On ne pouvait en effet, fermer une source de profits légitimes à ces officiers, qui, le plus souvent originaires de la province, étaient attachés plutôt à la magistrature qu'au magistrat et étaient du reste des personnages peu importants.

La question de savoir si le prêt est permis au juge et aux gens de sa maison peut faire doute. La loi 16, C. si *certum petatur* applique la prohibition au *judex*. Il est cependant difficile d'admettre que cette gêne dans la gestion de sa fortune soit imposée au *judex*, qui est un particulier, remplissant accidentellement les fonctions de juge, et non un fonctionnaire. Il est donc probable, qu'en parlant du *judex*, cette loi veut dire seulement qu'on ne peut prêter à son juge durant le procès. La prohibition du prêt

1. L. 33, D. *De reb. cred.* XII. 1.
2. L. 34, *eod.* tit.

à intérêt fut longtemps applicable aux sénateurs : Arcadius leur permit de prêter, mais fixa à 6 pour 100 le taux maximum des intérêts qu'ils pourraient percevoir.

Telles sont les seules exceptions à la faculté de consentir des intérêts.

CHAPITRE II

99. — La simple convention d'intérêts, c'est-à-dire la pure manifestation de la volonté, sans les conditions prescrites par la loi, ne produisait pas d'action en droit romain : ce n'est pas du reste une règle spéciale au pacte d'intérêts. La volonté de s'obliger, qui ne s'était pas manifestée par une forme extérieure, n'était pas en principe sanctionnée par le droit civil. Les Romains marquaient nettement cette impuissance du consentement non revêtu d'une forme solennelle, ou accompagné d'un acte extérieur par la formule célèbre : *ex pacto actio neque nascitur, neque tollitur* (1). Un tel principe nous apparaît aujourd'hui comme inadmissible en droit, et comme devant donner lieu dans la pratique à de constantes difficultés.

Ce serait pourtant une erreur, de voir là l'exagération du caractère formaliste de la législation romaine : il faut reconnaître que dans la société romaine primitive, cette règle n'était ni irrationnelle, ni très gênante. La création d'obligations, qui modifient les rapports des citoyens, et

---

1. L. 6, de pact. II, 14.

intéressent indirectement l'État, était chose grave, et les Romains ne voulaient pas qu'on les contractât à la légère. Or, les premiers Romains étaient illettrés, bien peu avaient quelque connaissance du droit : si une parole eût suffi à faire naître une obligation, on eût pu craindre, que ne mesurant pas exactement la portée de leurs paroles, ils se trouvassent engagés contre leur gré. Aussi exigeait-on que l'engagement fût contracté dans une forme déterminée, qui ne pouvait tromper les parties : il fallait une interrogation et une réponse concordantes : *spondesne? spondeo.* Ces paroles prononcées, la volonté des parties ne pouvait être douteuse. Ce procédé avait encore l'avantage de faciliter la preuve des obligations. Le prononcé des paroles solennelles était un fait qui devait frapper les assistants et assurer la preuve. Telles sont les raisons qui firent de la stipulation le contrat primitif, le contrat par excellence et probablement unique au début : sorte de moule, dans lequel on pouvait enfermer toutes sortes d'obligations. Tout par la stipulation, rien sans la stipulation dut être la règle primitive.

100. — Ces formes compliquées n'eurent d'abord que peu d'inconvénients. L'échange des paroles solennelles suppose, il est vrai, que les contractants sont en présence, que l'un est en état de faire l'interrogation, l'autre la réponse : la stipulation était donc inapplicable entre absents, et à l'égard des sourds-muets. Mais les premiers Romains ne devaient pas s'absenter souvent ; peuple agriculteur, les travaux de la terre le retenaient dans ses champs : il

h'avait pas de relations commerciales avec les peuples voisins qui furent longtemps ses ennemis. D'ailleurs le remède pour l'absent comme pour le sourd-muet consistait à faire stipuler à sa place un esclave. L'esclave pouvait même stipuler spontanément pour son maître : il pouvait aussi promettre, mais alors en vertu d'un ordre régulier, et le maître se trouvait obligé *jure prætorio* (1).

101. — A mesure que le commerce prit de l'extension, que les relations avec l'étranger se multiplièrent, les transactions devinrent plus nombreuses, les déplacements plus fréquents. Les inconvénients du système se firent plus vivement sentir, et la réaction commença. On s'affranchit peu à peu des formes légales. Cicéron nous apprend, que déjà de son temps, l'opinion publique commençait à mettre l'autorité des pactes au-dessus de l'autorité du droit. Mais le droit civil continuait à ne pas les reconnaître.

Peu à peu, un grand nombre de pactes finirent par être sanctionnés, notamment les pactes joints aux contrats, c'est-à-dire les pactes qui accompagnant ou suivant le contrat, ont pour but de diminuer ou d'augmenter les obligations, que ce contrat produit par lui-même.

102. — Pour déterminer les effets des pactes joints, des distinctions sont nécessaires : le pacte peut être joint *in continenti*, c'est-à-dire accompagner le contrat, ou bien *ex intervallo*, c'est-à-dire être postérieur au contrat. Enfin parmi les premiers, il faut distinguer, selon que le pacte

---

1. L. 1, pr. De verb. obl.

in continenti est joint à un contrat de droit strict, ou à un contrat de bonne foi. Nous ferons l'application de ces principes au pacte d'intérêts, et nous étudierons les effets qui lui sont propres lorsqu'il est joint à certains contrats dont il est nécessaire de faire une étude spéciale.

103. — Commençons par les pactes *in continenti* joints aux contrats de droit strict. Dans ces contrats, les obligations sont strictement limitées par les *verba* ou la *res* : un pacte eût été impuissant à en modifier les effets. Tel fut le principe primitif, qui résulte implicitement de nombreux textes, distinguant les pactes *in continenti* et les pactes *ex intervallo* dans les contrats de bonne foi, déclarant ceux-ci nuls *jure civili*, validant ceux-là, tandis qu'aucune distinction n'est faite en matière de contrats de droit strict. Peu à peu, on tempéra la rigueur du principe, et la législation fut rendue plus pratique.

Les contrats de droit strict sont : le *mutuum*, la *stipulation*, l'*expensilatio* ; nous ne parlerons pas du dernier, l'usage du codex ayant disparu quand la théorie des pactes fut formée.

104. — Dans le *mutuum*, la quantité due se détermine par la quantité reçue. La créance de restitution a pour cause la *res* qui est aussi sa mesure ; le *mutuum* est donc essentiellement gratuit ; on ne peut rendre plus qu'on n'a reçu.

Ce contrat dut, d'assez bonne heure, échapper aux conséquences extrêmes de son caractère de droit strict ; si, en effet, on n'eût pu lui joindre un pacte concédant un terme pour la restitution, le *mutuum* fût resté presque sans aucune application. En tout cas, il est certain que, dès l'époque classique, les pactes qui accompagnent le *mutuum*, soit pour en augmenter les effets, soit pour les diminuer, sont validés *ipso jure* (1).

Cette règle ne comporta d'exception que pour le pacte d'intérêts joint au *mutuum*. On maintint jusque dans le dernier état du droit le principe que la créance de restitution ne peut comprendre plus que la *res* (2). Cependant la convention d'intérêts n'était pas proscrite par le législateur. Le pacte d'intérêts joint au *mutuum* était sans force, mais rien n'empêchait, en stipulant des intérêts, d'arriver au résultat cherché (3).

105. — On fit de bonne heure exception au principe qui mesure la créance de restitution à la dation, en ce qui concerne les prêts de froment et d'orge. Dès le ɪɪɪᵉ siècle de notre ère, une constitution d'Alexandre Sévère consacrait l'exception, que l'empereur Philippe étendit à tous les cas où ce sont des fruits qui forment l'objet du prêt. Ainsi tandis qu'on n'eût pu, en empruntant 100 sesterces, s'engager à en rendre 101, il eût été licite d'emprunter par *mutuum* 100 mesures de blé, en s'engageant à en rendre 101 (4).

1. L. 29. *De pact.* L. 7. *De reb. cred.* XII, 1, D. L. 41, § 1. D. *De usuris,* XXII, 1.
2. L. 11, § 1. D. *De reb. cred.* XII, 1.
3. L. 24. *De præscr. verb.* XIX, 5. — L. 3. C. *De usuris,* IV, 32.
4. L. 12 et 23. C. *De usur.* IV, 32.

M. de Savigny (1) croit trouver la raison de cette différence dans le principe du système formulaire que les condamnations sont toujours pécuniaires ; de sorte que, si
dans le prêt d'argent, la *condemnatio* doit nécessairement
reproduire le chiffre de l'*intentio*, dans le prêt des denrées,
l'*intentio* désigne des denrées dont le juge doit évaluer la
valeur en argent dans la *condemnatio* ; de ce pouvoir d'é-
valuation découlerait la possibilité de tenir compte des
intérêts même convenus par simple pacte.

Nous pensons que cette différence s'explique simplement
par une fausse notion économique de la valeur de la
monnaie ; les Romains ne se rendaient pas compte que la
valeur de l'argent est variable comme celle de toute marchandise, et que si une même pièce d'or a toujours la
même valeur nominale, elle est loin d'avoir toujours la
même valeur réelle à toutes les époques. Ils savaient, au
contraire, que si ayant prêté 100 mesures de blé, on en
rend 101, il est possible qu'on ne reçoive pas plus, et
même qu'on reçoive moins, si l'abondance de la récolte ou
toute autre circonstance en a fait baisser le prix.

106. — Le *nauticum fœnus*, ou *trajectitia pecunia*, fait
exception à la règle qu'une stipulation seule peut faire
naître un pacte d'intérêts ; il déroge aussi à la loi limitative du taux de l'intérêt. Ces dérogations aux principes
étaient indispensables. Le *nauticum fœnus* avait lieu fréquemment entre Romains et étrangers qui, le plus sou-

1. Syst. T. VI, § 268.

vent, ne pouvaient se rencontrer pour contracter ; si l'on eût appliqué la règle du droit civil qui exigeait une stipulation, le commerce extérieur eût été sérieusement entravé.

Aussi dès l'époque classique, un simple pacte faisait courir les intérêts dans le *nauticum fœnus* (1).

D'autre part, le prêt à un armateur, qui expose ses capitaux à tous les accidents de mer, présente de grands risques : l'assurance à Rome n'était pas connue, il était donc nécessaire que ceux qui prêtaient au commerce maritime, pussent en quelque sorte s'assurer eux-mêmes, en exigeant des intérêts plus élevés : le *nauticum fœnus* est un contrat aléatoire, plutôt qu'un prêt à intérêt ordinaire. Le taux de l'intérêt maritime était complètement libre à l'époque classique : il fut limité par Justinien à 12 pour 100 (2).

Deux conditions sont nécessaires pour qu'il y ait *nauticum fœnus* : 1° que l'emprunteur se propose de transporter outre mer le montant du prêt, ou un navire, ou des marchandises achetées avec ; 2° que le prêteur renonce à la restitution, si le navire ou la cargaison, enfin ce qui représente le montant du prêt, vient à périr pendant la traversée (3).

Des motifs pour lesquels on a abandonné en cette matière les règles du *mutuum*, nous concluons : 1° que les risques ne sont à la charge du prêteur, que pendant le

1. L. 5, § 1, L. 7, *De naut. fœn.*
2. L. 26, § 1, C. De usur. IV, 22.
3. L. 1. De naut. fœn. XXII, 2.

temps de la traversée. Les risques ne comprennent que les accidents survenus, comme on dirait aujourd'hui, par fortune de mer, mais non ceux qui sont imputables à une faute du débiteur, par exemple il a acheté des marchandises prohibées qui ont été saisies par le fisc, ou bien il a pris une autre route que celle dont on était convenu (1).

2° Si les lois sur l'usure ne sont pas applicables, cette immunité est limitée au temps où les risques sont pour le prêteur : avant et après, les règles ordinaires reprennent leur empire (2).

3° Une simple convention suffit pour faire courir les intérêts : mais cette exception comme les précédentes, paraît limitée au temps pendant lequel le prêteur supporte les risques (3).

Plusieurs opinions ont été émises sur la nature de la *trajectitia pecunia*. Cujas y voit un *mutuum* quant au capital, un contrat innommé quant aux intérêts : il donne la *condictio* pour répéter le capital, la *condictio* ou l'action *præscriptis verbis* pour les intérêts, selon qu'ils ont été stipulés, ou qu'il n'y a eu qu'un simple pacte. M. de Savigny dit incidemment, et sans apporter à son système ni développements, ni preuve, que c'est un contrat innommé, sanctionné par conséquent, par l'action *præscriptis verbis*, aussi bien pour les intérêts que pour le capital.

Nous n'admettrons ni l'un ni l'autre de ces systèmes :

1. L. 3 C. De naut. fœn.
2. L. 4, pr. De naut. fœn.
3. L. 4, § 1. De naut. fœn.

d'abord ils sont en désaccord avec les textes qui, parlant du *nauticum fœnus,* emploient l'expression « *mutua pecunia* » (1). D'autre part, s'il s'agissait d'un contrat innommé, il serait certainement sanctionné par l'action *præscriptis verbis,* action de bonne foi. Or ces textes (2) disent formellement que l'action *de eo quod certo loco* est applicable à la *trajectitia pecunia* : cette action a pour objet d'étendre les pouvoirs du juge, en lui permettant d'évaluer l'intérêt qu'il peut y avoir pour les parties, à ce que le paiement soit fait dans un lieu autre que celui fixé par la convention. Cette appréciation rentre dans les pouvoirs du juge de toute action de bonne foi : si l'action qui sanctionne la *trajectitia pecunia* était de bonne foi, il serait inutile de lui appliquer la *condictio de eo quod certo loco.* Donc la *trajectitia pecunia* n'est pas sanctionnée par l'action *præscriptis verbis,* donc elle n'est pas un contrat innommé : c'est un *mutuum,* conditionnel tant que la traversée n'est pas achevée, et qui à ce moment devient définitif.

107. — D'autres exceptions existent, un texte de Paul en fait mention : *In quibusdam contractibus, etiam usuræ debentur quemadmodum per stipulationem.* » Ce texte vise les conventions qui, comme le *nauticum fœnus,* ont un caractère aléatoire, celles où le prêteur prend la charge des risques, en supposant que cette clause ne fasse pas de l'opération un jeu défendu. Ainsi je prête de l'argent à un

1. L. 6. De naut. fœn.
2. L. 2, § 8. L. 7 pr. D. De eo quod cert. loc.

gladiateur pour lui permettre de se préparer à la lutte, en convenant qu'il ne le rendra que s'il est victorieux. Une telle convention est affranchie des règles relatives aux intérêts (1).

108. — Le principe qui exige une stipulation pour faire courir les intérêts resta longtemps en vigueur dans le prêt d'argent : il y eut cependant des cas où une simple convention suffit à faire courir des intérêts.

Paul nous apprend que l'argent prêté par les villes peut être productif d'intérêts en vertu d'un simple pacte (2). Il en est de même des prêts faits par le fisc.

109. — Justinien accorda de nombreuses faveurs aux banquiers. La principale de leurs opérations était le prêt à intérêt ; beaucoup de gens avaient donc besoin d'eux, ce qui les rendait, nous dit Cicéron, *apud omnes ordines gratiosi*. Le droit classique leur appliqua la règle ordinaire : mais Justinien, jugeant avec raison que leur concours était indispensable pour relever le commerce, chercha à leur faciliter l'exercice de leur profession. La règle qui obligeait à stipuler des intérêts, était pour eux, plus gênante que pour tout autre, en raison des formes solennelles de la stipulation, des lenteurs qu'elle peut rendre nécessaires et qui sont le plus souvent incompatibles avec les opérations de banque. Aussi les banquiers se contentaient-ils habituellement de faire avec leurs clients un pacte d'intérêts,

---

1. L. 5 pr. et § 1. De naut. fœn.
2. L. 30 *De usur.* XXII, 1.

qui leur permettait seulement d'opposer à ceux-ci la compensation, s'en remettant pour le reste à la bonne foi de
leurs débiteurs. Justinien sanctionna cette pratique, en
décidant que le pacte d'intérêts produirait une obligation
civile (1).

Justinien décida aussi, que si le pacte n'indiquait pas
le taux des intérêts, les banquiers pourraient percevoir le
taux maximum (2).

110. — Voyons maintenant si toutes ces règles sont
applicables au prêt réalisé par voie de stipulation. La stipulation était plus fréquemment employée que le *mutuum*, à
cause des graves inconvénients de ce dernier contrat. Lorsque le prêteur poursuivait le remboursement de la somme
avancée par voie de *mutuum*, il devait prouver qu'il avait
transféré à l'emprunteur la propriété des espèces : cela
pouvait offrir de sérieuses difficultés. On obviait à ce danger en stipulant le remboursement : la numération des
espèces ne donnait plus naissance à un *mutuum* : au lieu
de servir d'élément essentiel au contrat, elle devenait la
cause occasionnelle de la stipulation, et l'emprunteur au
lieu du fait de la translation de propriété des espèces,
n'avait plus à prouver que l'échange des paroles solennelles. L'emprunteur ne pouvait plus par l'exception *non
numeratæ pecuniæ* obliger le prêteur à faire la preuve de
la numération, il n'avait plus que la ressource de l'excep-

1. Nov. 136 cap. 4.
2. Nov. 136 cap. V.

tion de dol, et ce moyen mettait à sa charge la preuve
qu'il n'y avait pas eu numération des espèces.

Lorsqu'à cette stipulation se joignait un pacte d'intérêts,
il est certain que ce pacte fut d'abord sans effet : il était
nécessaire de joindre à la stipulation du principal, une
stipulation des intérêts. Aucun texte ne nous apprend d'une
façon formelle que la règle ait changé. Nous pensons cependant, quoique la question puisse faire doute, que le
pacte d'intérêts joint à la stipulation finit par être validé.
Il est certain qu'à la fin de l'époque classique, la jurisprudence avait changé en ce qui concerne le pacte *ad minuendam obligationem*. Des textes de Paul et de Papinien (1)
disent formellement que ce pacte fut validé *ipso jure*. En
fut-il de même du pacte d'intérêts, qui est un pacte *ad
augendam obligationem* ? Le texte de Paul, bien qu'il cite
comme exemple un pacte *ad minuendam obligationem*,
pose le principe d'une manière générale : « *pacta in continenti facta stipulationi inesse creduntur.* » Il y a sur
cette question, un texte d'Ulpien, qui nous paraît tout à
fait décisif ; il décide que si dans une stipulation, la réponse
ajoute ou retranche à l'interrogation, le contrat n'en est
pas moins valable pourvu que le créancier accepte de suite
la modification (2).

Ainsi, par l'effet d'un pacte, une stipulation, qui devait
être nulle, devient valable : n'est-ce pas la preuve, que le

1. L. 4 § 3 *De pact.* II, 14. L. 40 *de reb. cred.* XII, 1.
2. L. 1 § 3 *de verb. obl.* XIV, 1.

pacte entre comme élément dans la stipulation, qu'il participe à sa force, qu'il est sanctionné comme elle, par le droit civil ?

Enfin, nous apprend Justinien, il était admis que le créancier, recevant des fidéjusseurs ou des *correi promittendi*, pouvait convenir que la poursuite, dirigée contre l'un d'eux, ne libérerait pas les autres. Il s'agit bien là d'un pacte *ad augendam obligationem*, qui est sanctionné par le droit civil. Cela prouve péremptoirement que les pactes, joints à un contrat de droit strict, finirent par avoir la même force que le contrat lui-même.

111. — En ce qui concerne les pactes joints *in continenti* à un contrat de bonne foi, le principe qui reconnaît l'efficacité du seul consentement n'eut pas de peine à triompher (1). On admit de suite que ces pactes faisaient partie du contrat, et avaient l'efficacité d'une clause de ce contrat. C'est qu'on ne se trouvait plus gêné par un principe imposant au juge l'exécution stricte d'un contrat solennel : les contrats de bonne foi doivent être interprétés « *ex fide bona* », d'après l'esprit du contrat. On devait donc être conduit à sanctionner les pactes, qui, conclus en même temps que le contrat, ne forment avec lui qu'un seul tout : il eût été contraire à l'équité de sanctionner le contrat, et de ne pas tenir compte d'un pacte qui a dû être une condition mise à la conclusion du contrat. Le juge a le devoir de rechercher quelle a été l'intention des parties : or,

____

1. L. 13. C. *De pact.*, II, 3.

comme le dit justement Ulpien, le pacte adjoint au contrat « *dat legem contractui.* »

112. — Nous allons faire l'application de ces règles à ce que les commentateurs appellent le dépôt irrégulier : c'était un procédé très commode pour réaliser un prêt, en éludant les règles gênantes du *mutuum.*

Dans le dépôt ordinaire, le dépositaire ne peut se servir de la chose déposée, et doit la rendre elle-même, s'agît-il de dépôt de choses fongibles. Mais il peut arriver que, postérieurement à ce contrat, le déposant accorde l'autorisation d'user de ce qu'il a déposé et de rendre, non plus *idem,* mais *tantumdem.* Du jour où les parties sont d'accord pour transformer ainsi le contrat, le dépôt devient un *mutuum,* soumis à toutes les règles du *mutuum,* notamment l'action pour répéter la chose déposée n'est plus l'action *depositi,* mais une *condictio.* « *Deposui apud te decem, postea permisi tibi uti. Nerva, Proculus, etiam antequam moveantur, condicere quasi mutua tibi hæc posse aiunt. Et est verum ut et Marcello videtur, animo enim cepit possidere : ergo transit periculum ad eum, qui mutuum rogavit, et poterit ei condici* (1) ». Toute la théorie des pactes joints au *mutuum* s'applique donc au dépôt transformé, et si l'on veut y joindre une convention d'intérêts, l'obligation ne sera valable que si elle a été contractée sous forme de stipulation.

Mais il n'en est pas de même du dépôt irrégulier. Voici

1. L. 9. De reb. cred., XII, 1.

l'espèce : on fait un dépôt de choses fongibles, et on convient au même moment que le déposant aura le droit d'user et rendra « *tantumdem* ». Au fond, ce n'est pas autre chose qu'un *mutuum*, et il semble qu'on eût dû le traiter comme le dépôt transformé après coup en *mutuum*. Il n'en est rien : les jurisconsultes romains, s'appuyant sur l'intention des parties, qui ont voulu faire un « *negotium bonæ fidei* », lui ont conservé le caractère de dépôt et l'ont sanctionné par l'action *depositi*. Papinien (1) reconnaît que cette convention sort des bornes du dépôt : mais, bien qu'il ne s'exprime pas très explicitement, il admet, on peut l'affirmer, qu'il y a là un dépôt, puisqu'il est dit : « *respondi depositi actionem locum habere* », et il continue à raisonner dans cette hypothèse. Enfin, il décide formellement, en terminant, que des intérêts peuvent être exigés. Un autre texte de Papinien (2) et une décision de Paul (3), dans le même sens, ne laissent aucun doute.

Nous vu que la convention d'intérêts, jointe à un prêt, était impossible entre absents, puisqu'une stipulation était nécessaire pour les faire courir. Le dépôt irrégulier fournissait le moyen d'échapper à cette règle gênante, puisqu'il était de bonne foi et par conséquent comportait un pacte d'intérêts.

Remarquons que le dépôt irrégulier n'était pas en tout assimilé au dépôt ordinaire. On sait que ceux qui faisaient

---

1. L. 24. D. Depositi.
2. L. 25, § 1. D. Depositi.
3. L. 26, § 1. D. Depositi.

des dépôts chez les banquiers avaient un privilège pour la restitution du dépôt. Au contraire ceux qui prêtaient aux banquiers n'avaient pas de privilège. C'est à ces derniers qu'on assimilait ceux qui faisaient des dépôts irréguliers chez les banquiers : ils n'avaient qu'une créance chirographaire. Cette solution est logique : si les déposants ont un privilège, c'est qu'ils ont mis dans le patrimoine de leurs débiteurs une valeur qui s'y retrouve en nature, et qui leur constitue une sorte de droit de gage : rien de pareil dans le dépôt irrégulier, le déposant abandonne la propriété de sa chose, il n'a plus, comme les autres créanciers, qu'un droit de gage général sur l'ensemble des biens de son débiteur.

113. — Arrivons au pacte joint *ex intervallo* ; le droit civil ne lui reconnaissait pas plus d'efficacité qu'au pacte isolé ; il n'opérait que par voie d'exception, et cela sans aucune distinction entre les pactes joints aux contrats de droit strict et aux contrats de bonne foi. Cela n'a rien que de très rationnel : tandis que le pacte joint *in continenti* apparaît comme une clause du contrat, dont on ne peut le séparer, le pacte joint *ex intervallo* ne fait pas corps avec le contrat, c'est une convention distincte, qu'on ne peut considérer comme une condition mise à la conclusion de la première. Le motif qui faisait valider le pacte joint à un contrat de bonne foi n'existe plus ; il est naturel qu'on annule la convention irrégulière, en maintenant la convention régulière. La règle « *ex pacto actio non nascitur* » subsista toujours en droit romain. Malgré les inconvénients qu'on lui reconnaissait, l'instinct conservateur des Romains s'opposait à ce qu'elle fût changée, Mais de bonne heure, le préteur, employant son procédé habituel pour échapper dans la mesure du possible, aux rigoureuses subtilités du droit civil, paralysa par une exception, l'action qui eût été à l'encontre d'un pacte. De sorte que, pour nous en tenir au pacte qui nous occupe, une convention d'intérêts, postérieure à un contrat de prêt par exemple, n'eût donné aucune action pour obliger au paiement des intérêts. Mais, si le paiement fait, le débiteur eût voulu répéter, le créancier, eût, par voie d'exception, fait confirmer la validité du paiement. De même le pacte joint *ex intervallo ad minuendam obligationem*, par exemple le pacte de renonciation aux intérêts stipulés, eût toujours été observé. En un mot le pacte *ex intervallo* était sans effet civil, mais produisait une obligation naturelle.

114. — Nous avons ainsi passé en revue les cas où la convention d'intérêt est obligatoire et ceux où elle ne produit pas d'action. Dans le premier cas, elle produit une obligation civile sur les effets de laquelle nous reviendrons dans un chapitre spécial. Dans le second cas, produit-elle au moins une obligation naturelle, et quelle est la force de cette obligation, c'est ce qui nous reste à examiner en détail.

Nous possédons à cet égard un texte célèbre d'Ulpien, emprunté à un rescrit émané de l'empereur Antonin (Caracalla) et de son père Septime Sévère. Voici l'espèce prévue: un créancier hypothécaire, vendant les biens hypothéqués à sa dette, s'il y a à la fois des intérêts qui soient dus et d'autres qui ne le soient pas, la somme qu'il retire de la vente, doit quant aux intérêts, être imputée sur les uns et les autres. S'il y avait, dans l'espèce, des intérêts dus et d'autres qui ne l'étaient pas, c'est que les uns avaient été stipulés, les autres étaient dus en vertu d'un simple pacte « *quædam ex pacto naturaliter debebantur.* » L'imputation se fait par portions égales : mais c'est à cause de l'hypothèque que l'imputation se fait sur les intérêts dus en vertu d'un pacte. Car si en principe l'imputation doit se faire sur les intérêts avant le capital, c'est quand il s'agit d'intérêts qui eussent pu être exigés. Or, l'hypothèque seule eût permis d'exiger le paiement de ces intérêts. Ce texte prouve que le pacte d'intérêts donne naissance à une obligation naturelle. Le texte ne vise que le pacte d'intérêts ; on pourrait soutenir que c'est là une règle spéciale de ce pacte, règle justifiée en équité par le profit que l'emprunteur retire du prêt. Sans entrer dans la discussion, faisons remarquer que les termes du texte paraissent poser une règle générale : « *debebantur ex pacto,* » l'obligation dérive du pacte « *in pacti conventione datæ repeti non possuxt* » le pacte met obstacle à la répétition.

115. — Mais quels sont les effets de l'obligation naturelle d'intérêts? Les Romains n'ont pas fait une théorie générale des obligations naturelles ; aucune vue d'ensemble ne les a guidés, ni pour les classer, ni pour en déterminer les effets. Les jurisconsultes ont, réagissant contre la rigueur des premiers principes, classé les obligations na-

turelles d'après l'équité, et leur ont, sans plus de méthode, attribué une force plus ou moins grande. Nous devons donc rechercher les effets du pacte d'intérêts, spécialement prévus par les textes, et ceux attribués à d'autres pactes, qu'on peut par analogie étendre au pacte d'intérêts.

Tout d'abord, le texte d'Ulpien nous montre la convention d'intérêts, servant de cause à un paiement, ce qui est du reste, l'effet général de toute obligation naturelle.

Elle empêche d'intenter la *condictio indebiti* (1): le paiement n'eût-il été fait que par erreur, la répétition n'en est pas moins interdite (2).

Plusieurs textes reconnaissent l'efficacité de l'hypothèque qui garantit une obligation d'intérêts. Cette obligation comporte également une fidéjussion ; on peut, en effet, poser en principe, que partout où la *condictio indebiti* est refusée, la fidéjussion est possible (3).

Le pacte d'intérêts peut aussi donner lieu à un pacte de constitut (4). L'obligation naturelle d'intérêts peut être novée en dette civile (5). Un des effets les plus graves des obligations naturelles est la compensation. Le pacte d'intérêts peut-il donner lieu à compensation ? La question peut faire doute : nous penchons vers l'affirmative. L'équité est, en effet, le motif qui a fait admettre la compensation ; le même

---

1. L. 26, p. D. *De cond. indeb.* L. 3. C. *De usur.*
2. L. 26, § 12. L. 64. D. *De cond. indeb.*
3. L. 3. D. *De fid.*
4. L. 1, § 7. D. *De pec. constit.*
5. L. 1, § 1. D. *De novat.*

motif a fait donner aux pactes une valeur relative. D'autre part, la compensation n'est autre chose qu'un paiement que le débiteur se fait à lui-même par voie de rétention. Or, le paiement de l'obligation naturelle est valable.

Faut-il restreindre la validité de la compensation au débiteur, ou l'étendre au créancier, qui trouve à se payer par ses mains? La première solution nous paraît résulter des §§ 1 et 2 de la loi 31 D. *De hered. pet.*, sous réserve d'une distinction : la compensation n'est opposable qu'autant que le débiteur est loyalement en position de l'opérer. Ainsi le *prœdo* n'est pas fondé, en restituant l'hérédité, à retenir *maxime si id fuit debitum quod natura debebatur*; mais le créancier d'une obligation naturelle d'intérêts qui devient débiteur de son débiteur naturel, pourrait opposer la compensation de la dette naturelle qui n'a pas été payée.

116. — Nous venons de voir que les Romains avaient reconnu la légitimité de l'intérêt. De même qu'il est naturel qu'un prêt, privant le propriétaire de son capital pendant un certain temps, l'emprunteur rende plus qu'il n'a reçu, il est juste, quand une dette est payée avant l'échéance, que le débiteur retienne une partie de la somme due. Dans les deux cas, la somme payée en plus ou en moins est toujours le loyer du capital ; nous l'appelons intérêt dans le premier cas, escompte dans le second. Les Romains ont, comme nous, fait la distinction ; ils désignent l'escompte par les mots *interusurium, reprœsentatio, commodum temporis medii vel reprœsentationis.*

La convention d'escompte pouvait être jointe *in conti-*

nenti à un contrat de prêt. C'était alors un *pacte ad minuendam obligationem*. On convenait que si le débiteur voulait payer par anticipation, il retiendrait un escompte de tant pour cent. Nous avons vu que ces pactes furent sanctionnés d'assez bonne heure.

Ou bien la convention d'escompte pouvait intervenir *ex intervallo*. Le débiteur à terme, en mesure d'anticiper le paiement, convenait avec son créancier qu'il serait libéré en payant de suite une somme moindre. C'était un cas de contrat innommé *do ut facias*, qui finit par être reconnu par le droit civil.

117. — Nous avons étudié les conditions de validité de la convention d'intérêts, relatives à la forme ; il nous reste à étudier deux conditions de fonds, l'une relative au taux de l'intérêt, l'autre prohibant l'anatocisme.

CHAPITRE II

DE LA CONVENTION D'INTÉRÊTS : CONDITION DE FONDS

Section I. — *Du taux maximum de l'intérêt.*

118. — Nous avons déjà étudié rapidement les diverses phases, par lesquelles passa la question de l'intérêt conventionnel à Rome. Il fut longtemps libre : mais les excès de l'usure finirent par amener l'intervention du législateur, qui chercha, par la réduction du taux des intérêts, à arrêter les progrès du mal. Nous avons vu les efforts incessants que faisait la plèbe, pour rejeter le poids accablant des dettes, ses révoltes contre l'autorité des patriciens, enfin la transaction qui, pour quelque temps rétablit la concorde. Une loi porta défense de prêter au-dessus d'un taux maximum déterminé, et les contrevenants furent punis par l'obligation de restituer au quadruple les intérêts excédant ce taux. Nous avons admis le témoignage de Tacite, disant formellement que ce taux « l'*unciarium fœnus* » fut établi par la loi des Douze Tables. Il nous reste à rechercher quel était ce taux. C'est un des problèmes les plus obscurs du droit romain : on n'a sur lui que des données très vagues, aucun document précis.

Cette question n'a pas donné lieu à moins de cinq systèmes.

119. — *Premier système.* — L'*unciarium fœnus* désigne l'intérêt d'une once par mois, rapportée à l'as comme capital, suivant l'usage romain : c'est ainsi que l'hérédité était appelée as et ses fractions onces. L'as contenait douze onces, l'intérêt pour un as était donc 12 onces par an, ou cent pour cent.

Ce système ne compte plus guère de partisans aujourd'hui. Comment admettre, qu'après s'être porté aux dernières extrémités pour obtenir quelque soulagement à sa misère, après avoir enfin forcé le sénat à compter avec lui, le peuple se soit contenté d'une satisfaction aussi illusoire ? Dans les pays où l'on peut trouver des capitaux l'emploi le plus lucratif, le taux de 100 pour 100 est excessivement rare, du moins n'est-il exigé que par les usuriers les plus avides. A Rome, un tel emprunt eut été à coup sûr la ruine du débiteur, et il n'est pas croyable que les plébéiens après avoir forcé le sénat à transiger aient accepté un taux aussi ruineux. On pourrait adresser à ce système d'autres critiques : son exagération évidente suffit à le rendre insoutenable.

120. — *Deuxième système.* — L'*unciarium fœnus* est le taux de une once pour 100 par an.

Dans le système précédent, la concession obtenue par les plébéiens était dérisoire : dans celui-ci, ce sont les patriciens qui laissent absolument sacrifier leurs intérêts. Jamais, chez les nations les plus riches, le taux normal de l'intérêt n'est tombé à 1 pour 100 par an. A plus forte raison la fixation à ce taux était-elle impossible à Rome, où c'eût été l'équivalent de la prohibition absolue du prêt à intérêt. Un fait certain, c'est que patriciens et plébéiens, reconnaissant combien leur union était nécessaire, furent amenés à se faire des concession mutuelles : le résultat dut être intermédiaire entre ces deux systèmes extrêmes. D'autre part, comment expliquer qu'un taux aussi modéré ait encore paru, après la promulgation de la loi, exclusif aux plébéiens, qui réclamèrent perpétuellement contre l'excès de l'usure légale? Comment admettre surtout que les patriciens aient encore consenti à réduire de moitié cet intérêt déjà si faible (*semiunciarium fœnus*)? Telles sont les raisons qui nous font *à priori* rejeter ce système. Il a pourtant trouvé des défenseurs convaincus, entre autres Saumaise : c'est que, si l'on laisse de côté les considérations historiques, ce système est celui qui cadre le mieux avec le peu de textes que nous possédons. Nous devons donc discuter les arguments sur lesquels il s'appuie, montrer qu'ils ne sont rien moins qu'irréfutables, et ne peuvent prévaloir contre l'argument décisif que nous avons tiré de l'histoire. Voici sur quelles considérations s'appuient ses défenseurs.

L'as et ses fractions rapportées au nombre 100 représentent l'intérêt annuel : des textes de la littérature et du droit nous présentent la série des intérêts depuis l'*as* ou 12 pour 100 jusqu'à 3 pour 100. Une inscription rapportée par Gruter (1) parle d'une somme de 5000 destinée

1. T. I, P. 175, insc. 4.

à rapporter par an 600, soit 12 pour 100. Deunces (1), un as moins une once, désigne le taux de 11 pour 100 : *dextantes* ou *decunces*, 10 pour 100 (2) ; *dodrantes* ou *nonunciæ*, 9 pour 100 (3) ; *besses* 8 pour 100 (4) ; *septunces*, 7 pour 100 (5) ; *semisses*, moitié de l'as, 6 pour 100 (6) ; *quincunces*, 5 pour 100 (7) ; *trientes*, le tiers de l'*as*, 4 pour 100 (8) ; *quadrantes usuræ*, le quart de l'*as*, 3 pour 100 (9).

Il n'y a pas d'exemple du taux de 2 pour 100 : il n'en est pas moins vrai, qu'il y a là toute une nomenclature de l'intérêt ; l'*unciarium fœnus* est le dernier degré de l'échelle, c'est le taux de 1 pour 100.

Pourquoi serait-il inadmissible que les Romains aient fixé à un taux aussi bas le maximum de l'intérêt ? Les intéressés étaient des sénateurs, des chevaliers, qui cherchaient à se réconcilier avec le peuple : cette large concession ne peut être considérée que comme un acte de bonne politique.

Nous avons déjà répondu à ce dernier argument, en montrant que la loi avait eu le caractère d'une transaction, conciliant dans la mesure du possible les intérêts de cha-

1. Perse, Satire, 5.
2. Saumaise, p. 275.
3. Id. p. 276.
4. Id. p. 277.
5. Id. p. 277.
6. Id. p. 281.
7. Perse, Satire, 5.
8. Ulp., l. 7, D. *De adm. tutor.*
9. L. 21, D. *De annuis legatis.*

cun, non d'un sacrifice violemment imposé aux patriciens.
L'argument plus sérieux, qu'on tire de la nomenclature
des divers taux de l'intérêt, n'est pas non plus irréfutable.
On prend pour expression du capital 100 : mais ce système très rationnel à Athènes, où la mine valait 100 drachmes, ne se comprend pas dans la Rome primitive. Selon
toute vraisemblance, les Romains ont dû plutôt prendre l'*as*
pour expression du capital, l'once pour expression de
l'intérêt. Ce n'est que longtemps après l'époque de la loi
des Douze Tables, que les mœurs grecques commencèrent
à se substituer aux mœurs romaines, et que le tant pour
100 dut devenir usuel. Tout fait donc présumer que cette
nomenclature est postérieure à la loi des Douze Tables :
aucun témoignage ne permet de conclure qu'elle fut connue
à l'époque de la loi.

Ajoutons que la langue latine n'a pas de mot pour expri-
mer l'usure supérieure à l'as : dans le système de Saumaise,
il faudrait donc supposer qu'on n'a jamais prêté au-dessus
de 12 pour 100 ! Cependant, nous le savons, aucune loi
prohibitive n'existait avant la loi des Douze Tables, et il
n'est pas vraisemblable que les usuriers n'aient pas profité
de cette liberté, pour élever des prétentions plus dures.

A défaut de texte, nous ne manquons donc pas de bonnes raisons pour combattre ce système : ce n'est qu'une
hypothèse ingénieuse, démentie par l'histoire.

121. — *Deuxième système.* — L'*unciarium fœnus*,
c'est le denier 12, le douzième du capital, comme l'once
est le douzième de l'as. C'est le système vraiment romain,

qui prend l'as pour type du capital, et calcule l'intérêt par an : c'est le système de Niebuhr (1). Nous savons que l'invasion des mœurs grecques ne date que de l'époque des Scipion : ce ne dut pas être avant cette époque que le taut pour 100 dut remplacer l'usure oncière.

D'autre part, il est plus vraisemblable que le taux de l'intérêt ait été compté par an, plutôt que par mois. C'est en effet un usage commun à tous les peuple agriculteurs : ce n'est qu'au bout d'un an que la moisson fait rentrer le cultivateur dans ses déboursés, et lui permet de s'acquitter ; le règlement mensuel de l'intérêt ne dut donc pas être pratiqué dans la Rome primitive.

Ainsi l'intérêt fixé par la loi des Douze-Tables était d'une once par an, le douzième du capital, 8 1/3 pour 100. Mais alors l'année était de dix mois. Il est vrai que la réforme du calendrier remonte très haut, à Numa ou du moins à l'un des Tarquins, et que par l'addition des deux nouveaux mois, l'année fut portée à douze mois. Mais l'ancienne division subsista longtemps dans les mœurs romaines, et l'année de dix mois était encore en usage dans les contrats à l'époque de la loi des Douze Tables. Il faut donc au taux de 8 1/3 ajouter encore 2/10 : le taux de la loi des Douze Tables correspondait au taux actuel de 10 pour 100.

Ce taux s'accorde très bien avec les circonstances dans lesquelles il fut fixé : c'est un taux modéré, en raison de

____

1. Niebuhr, t. V, p. 80.

la situation que nous avons décrite. Les données de l'histoire se trouvent du reste corroborées par un texte. Festus parle d'une *lex unciaria* rendue sous Sylla. *Unciaria* est bien le mot dont nous cherchons le sens. Les derniers mots du texte manquent malheureusement, mais cependant il fournit un renseignement précieux : cette loi ordonne au débiteur de payer « *decimam partem...* » Le mot manquant est vraisemblablement « *sortis.* » L'*uncia* est donc la *decima pars sortis*, ou 10 pour 100. L'*uncia* qui était le douzième du capital, quand les Romains ne connaissaient que l'année cyclique de dix mois, devint le dixième, quand l'année de douze mois eut remplacé l'année cyclique. Enfin, à l'appui de ce système, on peut citer un argument ingénieux, tiré du rapprochement de deux textes d'Ulpien, relatifs à la restitution de la dot en cas de dissolution du mariage. La femme qui a commis une faute grave, par exemple celle qui s'est rendue coupable d'adultère, subit une réduction d'un sixième sur la restitution de sa dot « *propter majores mores.* » Si elle n'a commis qu'une faute légère, « *propter minores mores* » la rétention que peut exercer le mari n'est plus que d'un huitième. Quant au mari « *propter majores mores* » il est déchu du bénéfice de terme pour la restitution : « *propter minores mores* » il doit restituer « *senum mensum die.* »

On devait punir également le mari et la femme pour les mêmes fautes. Or dans le système de Niebuhr, les peines dont sont frappés le mari et la femme dans les mêmes cas sont identiques. En effet, le mari irréprochable restitue par tiers, d'année en année. Lorsque « *propter majores mores* », il est déchu des bénéfices du terme, il perd les intérêts de toute la dot, la première année ; les intérêts des deux tiers, la seconde ; d'un tiers la troisième, soit en tout deux années d'intérêt. Or l'intérêt étant le denier douze, il perd deux douzièmes du capital, ou le sixième, précisément ce que perdrait la femme en pareille circonstance.

Propter minores mores, il restitue suivant l'interprétation de Niebuhr, un tiers de suite et les deux autres tiers de six mois en six mois. Irréprochable, il eût perçu l'intérêt de toute la dot pendant un an, des deux tiers pendant la seconde année, d'un tiers pendant la troisième, en tout l'intérêt d'un tiers pendant six ans. Or il ne percevra que l'intérêt de deux tiers pendant six mois, d'un tiers pendant les six mois suivants, soit l'intérêt d'un tiers pendant dix-huit mois. Il perdra la différence, l'intérêt de cinquante-quatre mois d'un tiers, ou de dix-huit mois du tout, c'est-à-dire justement un huitième.

Dans une autre explication proposée par Schrader, le mari devrait restituer toute la dot après six mois. Il perdrait donc cinquante-quatre mois d'intérêts de la dot entière. On arrive donc encore au même résultat.

122. — *Quatrième système.* — Ce système admet, comme le précédent, que l'*uncia* représente bien le douzième du capital. Mais il admet que l'année était celle de douze mois, introduite par Numa, et qui, bien que n'étant pas usitée dans la pratique, serait passée dans la loi des

Douze Tables. L'*unciarium fœnus* serait donc de 8 1/3 pour 100. Nous ne voyons aucune bonne raison pour admettre, que faisant violence aux habitudes prises, la loi des Douze Tables ait entendu se régler sur l'année de Numa et non sur l'année cyclique.

123. — *Cinquième système.* — Enfin un dernier système admet que l'*unciarium fœnus* et le taux de une once pour cent par mois, soit pour l'année de douze mois, 12 pour 100.

La *centesima usura,* disent les défenseurs de ce système est précisément le taux de 12 pour 100 ; or elle est qualifiée de *legitima,* expression réservée aux institutions qui remontent à la loi des XII Tables. L'as, il est vrai, était divisée en douze onces, mais il y avait une autre division en 100 parties. Horace en parle dans son épître aux Pisons :

> Romani pueri longis rationibus assem
> Discunt in centum partes diducere

Ce système explique très bien que la centésime ait pu s'introduire sans aucune protestation, puisqu'elle n'était que la reproduction de l'ancien *unciarum fœnus,* même taux, même calcul par mois ; au contraire le système de Niebuhr conduit à des invraisemblances. La loi des XII Tables fixe le taux à 10 pour 100 ; et quand la situation économique est incontestablement devenue meilleure, on élève le taux à la *centesima usura,* à 12 pour 100. La plèbe devient de plus en plus puissante, et elle ne s'oppose pas à une mesure aussi préjudiciable à ses intérêts que peu justifiée !

Le texte de Festus qu'on cite à l'appui de la doctrine de Niebuhr est loin d'être concluant ; car l'année usuelle était c l'e de douze mois. Il faudrait donc, comme le fait Dacier, lire *duodecimam* et non *decimam* ; procédé commode pour supprimer les difficultés. A l'argument tiré des rétentiones *ex dote*, on répond que si le calcul est exact pour les *majores mores*, il n'en est pas de même pour les *minores*. Niebuhr reconnaît que la restitution de la dot doit s'effectuer en trois paiements égaux ; mais pourquoi, le premier délai est-il nul, tandis que les deux autres sont de six mois ? Le texte ne dit pas cela. Quant à Schrader, il traduit le mot *seni* comme *sex* ; or il est certain que dans la langue des jurisconsultes, *seni* désigne plusieurs termes de six.

Tels sont les arguments proposés en faveur de ce système, qui a trouvé de savants défenseurs, notamment M. Pellat. Nous ne l'adopterons cependant pas. Nous avons déjà dit pourquoi il nous paraissait difficile d'admettre que le calcul par mois ait été adopté par la loi des XII Tables, de même que le calcul des intérêts par rapport au nombre 100. Il n'y a rien d'invraisemblable à ce que le taux de l'intérêt ait été élevé de 2 pour 100 ; l'*unciarium fœnus* n'était pas observé ; on a donc dû prendre un taux assez élevé pour qu'on pût faire respecter la loi ; quant au texte de Festus, nous avons montré qu'il n'y avait pas besoin de substituer le mot *duodecimam* à *decimam* ; ce dernier étant expliqué par la substitution de l'année civile à l'année cyclique.

124. — L'*unciarium fœnus* tomba peu à peu en désuétude et finit par disparaître de la langue juridique. Il fut remplacé au temps de Cicéron par la *centesima usura*, un centième par mois, 12 pour 100 par an. Quelques auteurs font remonter la *centesima usura* à la loi Gabinia ; mais pour cela, ils sont forcés de faire dire à cette loi ce qu'elle ne dit pas, et d'ailleurs ses dispositions sont spéciales aux envoyés des provinces. Il est plus que probable que ce taux fut fixé d'abord par des édits prétoriens ; et que cette jurisprudence fut ensuite confirmée par la loi. En effet Cicéron nous apprend qu'étant prêteur en Cilicie, il a confirmé un édit de son prédécesseur, fixant à la *centesima usura* le taux légal. Il ne s'agit, il vrai, que d'une disposition de l'édit consacré par l'usage de la province ; mais il est probable qu'elle était la reproduction de l'édit du prêteur de Rome, qui servait en général de modèle.

Un autre passage de Cicéron parle d'un sénatusconsulte qui aurait définitivement fixé l'intérêt légal à 12 pour 100. Du reste, entre amis, la *centesima usura* eût paru excessive, la plupart des créanciers se contentaient des *semisses usuræ*, 6 pour 100 (1).

1. Colum. De re rustica, III, 3.

Section II. — *De l'anatocisme.*

125. — Une des conventions les plus dangereuses pour le débiteur, c'est l'anatocisme, c'est-à-dire la convention que les intérêts au fur et à mesure de leur échéance deviendront productifs d'intérêt. Cette convention fait en très peu de temps grossir la dette, au point d'amener inévitablement la ruine du débiteur : on l'a comparée à la boule de neige, imperceptible au point de départ, et qui dans sa course, va sans cesse grossissant, jusqu'au jour où, devenue terrible avalanche, elle porte partout le deuil et la destruction (1). Aussi les législateurs qui ont cherché à lutter contre l'usure se sont-ils toujours attaqués à l'anatocisme. La prohibition remonte à Rome, à une époque reculée (2).

126. — On peut conjecturer qu'elle est contemporaine de la loi des XII Tables. En effet la loi 28, C. *de usuris* dit que la prohibition fut établie par les « *veteres leges* » : ces *veteres legis* doivent être de la même époque que la loi des XII Tables, peut-être même la prohibition de l'anatocisme était-elle une disposition de cette loi.

On objecte que les décemvirs se sont inspirés de la législation athénienne, qui autorisait l'anatocisme, on invoque

1. Caillemer. Des intérêts, p. 214.
2. Varron de l. l. V, 183. Tite-Live, II, 23, V, 14.

le témoignage de Tite-Live, parlant d'une députation envoyée en Grèce pour en rapporter les lois de Solon. Rien n'est moins établi que l'envoi de cette députation : les auteurs grecs contemporains n'en font pas mention. D'ailleurs, il est certain que la loi des XII Tables est loin d'être une servile reproduction des lois de Solon.

On peut tirer un sérieux argument de ce fait, que dès les premiers siècles de Rome, il est question de « *versura* » : la *versura*, dit-on, est la conversion forcée et de plein droit du capital et des intérêts en une nouvelle dette productive d'intérêts. Mais cette interprétation est loin d'être universellement admise : d'après Cujas, la *versura* désigne l'opération par laquelle un débiteur ne pouvant payer capital et intérêts, va emprunter à intérêts chez un tiers la somme nécessaire pour désintéresser son créancier. Il y a bien encore dans ce système, conversion des intérêts en capital productif d'intérêts, mais en somme c'est un nouveau prêt, c'est une opération différente de l'anatocisme.

127. — Quoiqu'il en soit, vers la fin de la République, l'anatocisme était permis. Cicéron dit en effet, dans une de ses lettres, qu'arrivant dans son gouvernement de Cilicie il autorisa dans son édit, à joindre au capital l'intérêt échu de l'année, « *anatocismus anniversarius* (1). » Il devait en être de même à Rome : nous avons déjà dit que l'édit du préteur de Rome servait de modèle aux préteurs des provinces.

____

1. Cicér. *ad Att.* V, 21, 11, 12, 15, VI, 2, 7.

128. — Vers la même époque, un sénatusconsulte prohiba l'usage de l'anatocisme, en statuant « *ut centesimæ perpetuo fœnore ducerentur.* » De nombreux textes nous montrent la prohibition constamment violée (1), et constamment renouvelée par les empereurs. Dioclétien, en particulier, nota d'infamie ceux qui percevraient l'intérêt des intérêts.

129. — Justinien renouvela les dispositions de ses prédécesseurs et se montra même plus sévère. Jusqu'à lui, l'anatocisme n'avait été prohibé qu'*in futurum*, on pouvait par une stipulation, faire courir les intérêts des intérêts déjà échus. Justinien interdit l'anatocisme même *in præteritum* (2). Il défendit aux créanciers de demander des intérêts, qui par leur accumulation, feraient plus que doubler le capital (3). Mais, toujours favorable aux *argentarii*, il les excepta de cette dernière disposition (4).

Section III. — *Des fraudes usuraires.*

130. — Les usuriers romains cherchaient, comme aujourd'hui, à tourner les lois sur l'usure, à dissimuler leurs fraudes sous les apparences de contrats licites.

On joignait fréquemment au contrat de gage, un pacte

---

1. Fr, 27. *De re judic.* 42, 1. — L. 3, C. *De usuris rei judic.*, 7. 54.
2. L. 28, C. *De usur.*
3. Nov. 128.
4. Edict. IX. Cap. V.

d'antichrèse ; on convenait que le créancier percevrait, au lieu d'intérêts, tout ou partie des fruits produits par un immeuble donné en gage. Une telle convention devait échapper aux lois sur l'usure : c'était en effet une sorte de forfait avantageux au créancier, si les fruits produits dépassaient les intérêts légaux, avantageux au débiteur dans le cas contraire. C'est ainsi que les Romains envisageaient ce contrat (1).

Mais si le pacte d'antichrèse n'était qu'un moyen de dissimuler une perception d'intérêts usuraires, il n'y avait plus, à proprement parler, antichrèse, et la loi était applicable.

131. — Nous avons un texte d'Alexandre, donnant sur le droit d'habitation, une décision analogue. On pouvait convenir qu'au lieu de toucher des intérêts, le créancier aurait le droit d'habiter telle maison, sans qu'il y eut à rechercher si la valeur du droit conféré dépassait les intérêts permis par la loi. Dans ce contrat pouvait aussi se cacher une fraude usuraire.

132. — On pouvait aussi donner au lieu d'argent, des objets estimés pour être vendus, et le prix conservé à titre de prêt, les intérêts licites pouvaient être exigés, il y avait là un véritable prêt soumis aux règles ordinaires (2).

133. — Si une peine avait été stipulée, consistant dans une dette de gros intérêts en cas de non paiement à l'échéance, il y avait lieu à réduction.

1. L. 17, C. *De usur.*, IV, 32.
2. L. 8 C. Si certum petatur. Ch. 3 nov. 136.

134. — La *lex commissoria* ou pacte commissoire, convention fréquente, aggravait le sort des débiteurs : elle fut d'abord laissée libre. C'était la convention que le gage appartiendrait au créancier en cas de non paiement à l'échéance, quelle que fut la valeur du gage. Constantin prohiba cette convention. Justinien par exception, autorisa l'*argentarius*, après un temps double de la durée du prêt, à prendre en paiement la chose engagée, estimée par experts, en présence de *tabularii*.

Section IV. — *Sanction des prohibitions.*

135. — La sanction n'était pas la nullité de tout le contrat, mais seulement la réduction des intérêts au taux légal. Dans cette mesure, il y avait nullité absolue, ne donnant pas même naissance à un obligation naturelle. La sanction relative à la perception d'intérêts supérieurs au maximum, et celle relative à l'anatocisme étaient les mêmes, comme le prouve un texte d'Ulpien : « *supra duplum autem, usuræ et usurarum usuræ, nec in stipulationem deduci, nec exigi possunt ; et solutæ repetuntur quemadmodum futurarum usurarum usuræ* (1). » Une loi Marcia, cités par Gaïus (2), permettait de recourir à la *manus injectio* pour se faire restituer les intérêts usuraires perçus par les prêteurs.

1. L. 29 D. De usur. et fruct. XXII, 1.
2. Comm. IV § 23.

A la sanction civile, on joignit diverses sanctions pénales. Une amende du quadruple des intérêts usuraires perçus avait été établie par la loi des XII Tables ; probablement abrogée ou tombée en désuétude, cette disposition fut rétablie en l'année 386 de l'ère chrétienne (1) ; elle ne se retrouve pas dans la compilation de Justinien. Dioclétien avait décidé que l'usurier serait noté d'infamie. Justinien maintint cette disposition (2).

1. L. 2 C. Th. De usur. 11, 33.
2. L. 20 C. Ex quib. caus. inf. II, 12.

CHAPITRE IV

NATURE ET EFFETS DE LA CONVENTION RÉGULIÈRE D'INTÉRÊTS

SECTION I. — *Époque à laquelle les intérêts commencent à courir.*

136. — La dette d'intérêt commence à courir du jour de la convention, si celle-ci est pure et simple : si elle est à terme ou sous condition, elle ne commence à courir que du jour de l'arrivée du terme ou de la condition.

137. — Une promesse peut être faite avec cette clause, qu'en cas de non payement à l'échéance, des intérêts seront dus, ou bien s'il s'agit d'obligation productive d'intérêts, avec la clause que des intérêts plus forts seront dus. Dans ce cas, l'inexécution de l'obligation principale ne suffit pas toujours à faire courir les intérêts ou des intérêts plus forts, il faut encore que le débiteur soit *in mora*, qu'il soit en retard par sa faute. Si l'inexécution de l'obligation principale ne pouvait lui être imputée, il n'encourrait pas la peine (1).

1. L. 9, C. De Usur, b. 122, §-5. De verb. oblig.

SECTION II. — *De l'extinction de la dette d'intérêts*

138. — La dette d'intérêts s'éteint par voie principale ou par voie accessoire.

Comme toute obligation accessoire, elle s'éteint par les divers modes d'extinction de la dette principale. « *Cum principalis causa non existat, plerumque ne ea quidem quæ sequuntur locum habent* (1). » Ainsi le payement, l'acceptilation, la novation de la créance éteignent la dette d'intérêt (2).

139. — Le payement est le mode d'extinction le plus ordinaire. Si le créancier refuse à tort de recevoir le payement, le débiteur peut arrêter le cours des intérêts, en faisant des offres réelles, et consignant la somme : du jour où il a fait ces offres, les intérêts cessent de courir. Mais il est nécessaire que les offres soient faites régulièrement, en présence de témoins ; si le créancier est absent, il faut s'adresser au gouverneur « *interpellare præsidem* (3). »

140. — Le cours des intérêts ne serait pas arrêté, si le débiteur déposait la somme sans avoir fait les offres (4).

On ne peut offrir utilement de payer une partie seule-

1. F. 178, D. De reg jur. 50, 17.
2. L. 18, D, *De noval.*
3. L. 6, Cod. De usur.
4. L. 2, Cod. De usur.

ment de sa dette : dans ce cas, les intérêts continueraient à courir.

Enfin si après avoir consigné, le débiteur reprenait la somme avant l'acceptation du créancier, il se retrouverait en demeure, et par conséquent les intérêts recommenceraient à courir.

Cependant, l'offre seule, d'après un rescrit d'Antonin (1) suffit à arrêter l'effet d'une convention d'antichrèse. Il en est de même du cas où des intérêts ont été stipulés en cas de non-payement du principal.

141. — Nous avons dit que la novation arrêtait le cours des intérêts : remarquons que la *litis contestatio*, qu'un certain nombre de textes appellent novation, et qui a en effet quelque analogie avec la novation (2), laisse courir les intérêts : ce qui constitue précisément une différence essentielle entre la novation et la *litis contestatio*.

142. — Enfin, l'exception tirée de la prescription de trente ou quarante ans de la créance, fait tomber la demande des intérêts (3).

Cette solution n'est pas juridique : la prescription du principal ne devrait pas avoir d'effets sur celle des intérêts. Ceux-ci en effet ne sont exigibles que depuis leur échéance : l'action pour réclamer chaque annuité dure trente ans depuis ce moment. Quoiqu'il en soit, Justinen a décidé que

1. L. 11, C. De usur.
2. L. 35, D. usur. L. 90, De *verb. oblig.*
3. L. 26, Cod. De usur.

la prescription de trente ans du principal emporterait celle
de tous les intérêt échus (1).

143. — La dette d'intérêts s'éteint aussi par voie principale :

1° Par une convention formelle, ou par une remise tacite
des intérêts. Le non-payement des intérêts, prolongé pendant un certain temps, en fait présumer la remise (2).

De même, si pendant un temps prolongé, le créancier
a sans protestation, accepté des intérêts inférieurs aux intérêts stipulés (3).

Cette acceptation d'intérêts inférieurs à ceux qui sont
dus, constitue un pacte tacite de *non petendo* (4). Il est
évident que si le débiteur s'est contenté d'intérêts inférieurs,
parce que malgré toutes ses diligences, il n'a pu obtenir le
payement de tout son dû, l'exception ne serait plus opposable.

2° Par la prescription de trente ou quarante ans : ce
mode d'extinction n'eut plus d'intérêt, quand Justinien eut
décidé que la prescription du principal emporterait celle
des intérêts ;

3° Par la chose jugée, lorsqu'il s'est écoulé quatre mois
depuis le jugement (5).

4° Quand les intérêts s'élèvent à une somme égale au ca-

---

1. L. 26, pr. Cod. De usur.
2. L. 17, § 1 De usur. 22, 1. — L. 54 D. donat. inter vir. et ux. 24, 1.
3. L. 13, D. De usur. 22, 1. — L. 5 Cod. De usur.
4. L. 13, D. De usur.
5. L. 3, Cod. De usur. rei judic.

pital qui les a produits (1). A l'époque des jurisconsultes classiques, lorsque les intérêts n'étaient pas payés régulièrement, ils cessaient de courir, dès que les intérêts non payés avaient atteint un chiffre égal au capital (2). Justinien étendit cette règle au cas où les intérêts auraient été payés régulièrement (3). Mais il fit une exception en faveur des villes qui faisaient des prêts (4).

SECTION III. — *Preuve de la convention d'intérêts.*

144. — Pour faire la preuve d'une convention d'intérêts, il fallait prouver l'existence du *mutuum* ou de la stipulation qui, le plus souvent, était la cause de la dette, et auxquels avait été joint un pacte ou une stipulation d'intérêts.

On appliquait le principe *actori incumbit probatio.* Mais au moyen d'une exception spéciale, l'exception *non numératœ pecuniœ,* on pouvait exiger du créancier une preuve supplémentaire. Le prêteur qui demandait le remboursement pouvait, par l'opposition de l'exception, être mis en demeure de prouver qu'il avait compté les espèces (5).

1. L. 26, § 1, D. De cond. indeb.
2. L. 10, C. De usur.
3. L. 29, C. De usur.
4. L. 30, C. De usur.
5. L. 3. Cod. De non num. pec.

C'était encourager la mauvaise foi des débiteurs, en établissant une présomption légale de mensonge des créanciers. On ne peut expliquer cette particularité qu'en supposant chez le capitaliste, l'habitude d'exiger une promesse ou une reconnaissance de l'emprunteur, quelque temps avant la réalisation du prêt. Cela se conçoit surtout pour les banquiers, qui, mettant de l'argent à la disposition de leurs clients par une ouverture de crédit, ne savent jamais si, le jour où l'argent sortira de leur caisse, leurs débiteurs ne seront pas malades ou absents, incapables par conséquent de leur faire une promesse ou un billet.

145. — La réaction contre cette règle dérogatoire aux principes, se fit lentement.

L'empereur Justin commença par exclure la présomption de non numération, chaque fois que de sa propre main et sur un écrit revêtu de sa signature, le débiteur avait reconnu qu'elle avait été effectuée (1). C'était un aveu, qu'on ne pouvait détruire que par des preuves écrites.

Au III⁰ siècle, les empereurs décidèrent qu'on ne pourrait opposer l'exception *non numeratæ pecuniæ*, sans prouver d'abord qu'il n'y avait pas eu numération des espèces.

Justinien réduisit à deux ans la présomption de non numération ; mais la dénonciation dans les deux ans la rendait perpétuelle. Cette disposition fut étendue à toutes sortes de prêts (2).

---

1. L. 13. C. D. non num. pec.
2. Acc. n⁰ 582.

Justinien décida aussi que, dans le cas du contrat qu'il appelle *litteris*, c'est-à-dire quand un écrit a été dressé, et que deux ans se sont passés sans réclamation, aucune preuve ne doit être admise contre l'écrit. Avant l'expiration des deux ans, l'écrit n'empêche pas de prouver la non réalisation du prêt. Ces deux ans expirés, il y a présomption *juris* et de *jure de* la numération.

Enfin Justinien accorda à l'*argentarius*, prouvant qu'il a réellement avancé la somme, le privilège de faire condamner au double le débiteur qui a nié (2).

Cette décision était d'autant plus rigoureuse qu'elle écartait la *condictio indebiti* comme dans tous les cas où il s'agit d'actions *quæ crescunt in duplum per infitiationem*. Réciproquement, le banquier qui niait faussement un prêt qui lui avait été fait, encourait la même peine (3).

146. — Quant à la convention d'intérêts, elle pouvait être prouvée par témoins ; ce mode de preuve était applicable dans toute circonstance et pour toute convention.

147. — C'est le mode de preuve qui dut d'abord être le plus usité. Mais il présentait bien des incertitudes et des dangers, pour le créancier qui avait à faire la preuve, et dont les témoins pouvaient être morts ou absents. Aussi prit-on l'habitude, lorsqu'on faisait une convention, de rédiger un écrit qui constituât une preuve indiscutable. Cet écrit était appelé par les Romains *instrumentum, chi-*

1. Edict. VII, cap. 1.
2. Edict. VII, cap. I.

rographum ; il prenait plus spécialement le nom de *cautio* lorsqu'il s'agissait d'une promesse de payer une somme d'argent déterminée. Mais cet écrit n'était nullement nécessaire pour la validité de la convention d'intérêts (1).

Souvent ces écrits étaient rédigés par des *notarii*, esclaves spécialement chargés de dresser tous les actes concernant leurs maîtres. Ces actes n'étaient valables en général, que s'ils portaient la signature du maître. Il y avait aussi des officiers publics, appelés *tabelliones* par les Pandectes et le Code, et dont la profession consistait à dresser ces écrits pour autrui.

Ces *tabelliones*, qui étaient primitivement des esclaves, devinrent, sous les empereurs chrétiens, une corporation recrutée par l'élection. Ils dressaient les actes d'après des formes minutieusement réglementées : le système qu'ils employaient était celui des charte-parties, qui est encore aujourd'hui à usage dans le droit commercial. L'acte était coupé en deux, et une moitié était remise à chacun des contractants.

148. — Enfin le paiement prolongé des intérêts faisait présumer une stipulation d'intérêts (2). Cela faisait même présumer une obligation du principal. Mais cette présomption n'était admise, que s'il y avait eu une suite prolongée de prestations (3).

149. — Il était nécessaire de convenir du taux des in-

1. L. 1. C. De usur.
2. L. 6. *De usur.*
3. L. 7, Cod. *De usur.*

térêts : par exception, la novelle CXXXVI décide que les banquiers, qui n'auront pas fixé le taux de leurs prêts, pourront réclamer « *besses usuræ* », le maximum de l'intérêt.

Justinien décide aussi, que le client d'un *argentarius*, ayant approuvé par sa signature, le compte que lui a remis ce dernier, ne peut plus discuter la cause des différents articles de ce compte, mais seulement déférer le serment à l'*argentarius* (1).

150. — Nous avons ainsi terminé l'étude de la législation romaine. Le système adopté pour l'intérêt est celui qui est encore en vigueur aujourd'hui, système intermédiaire entre la liberté et la prohibition. Quant à la convention en elle-même, elle fut traitée à peu près comme les autres conventions romaines. Gênée d'abord par des formes compliquées, dont elle se dégagea peu à peu, elle arriva à une simplicité répondant aux nécessités pratiques.

1. Nov. 136, cap. 6.

DROIT FRANÇAIS

151. — Nous avons laissé dans notre étude historique la question de l'intérêt, au moment où la doctrine des économistes triomphant dans l'Assemblée Constituante, la légitimité de l'intérêt était reconnue.

Avant d'aborder l'étude de la législation actuelle nous devons donner une idée succincte du droit de la Révolution et des travaux préparatoires qui ont précédé la rédaction du Code et de la loi de 1807.

CHAPITRE V

152. — L'Assemblée nationale, en même temps qu'elle donnait à la France les libertés politiques, et substituait à la réglementation, la liberté dans toutes les branches du travail et du commerce, ne pouvait oublier le prêt à intérêt. Dans la séance du 3 octobre 1789, sa légitimité fut définitivement proclamée. Le député Péthion de Villeneuve fit observer que la maxime « *mutuum date nihil inde sperantes* » avait fait son temps : il ajouta qu'il était inutile de fixer un taux, un taux moyen s'établissant toujours de lui-même, enfin qu'on devait chercher à rendre l'argent commerçable, seul moyen d'obtenir les bienfaits de la concurrence. On laissa de côté la question religieuse, sur l'observation que le Pape lui-même autorisait les Monts-de-Piété à Rome. Périsse du Luc et Target se prononcèrent en faveur de la liberté de l'intérêt. L'Assemblée constituante se prononça en ces termes : « tous les particuliers, corps, communautés, et gens de mainmorte, pourront à l'avenir prêter de l'argent, à somme fixe, avec stipulation d'intérêts, suivant le taux déterminé par la loi, sans entendre rien innover aux usages du commerce (1).

1. Lois des 3 et 12 octobre 1789. *Moniteur* du 1 au 5 octobre 1789.

153. — L'Assemblée accomplissait ainsi le vœu de Turgot : elle laissait libre en fait l'intérêt en matière commerciale, l'intérêt civil devant être limité. Peut-être se proposait-elle de remplir le programme de Turgot jusqu'au bout, en proclamant la liberté en matière civile, quand on eût été habitué à la liberté de l'intérêt commercial. Quoi qu'il en soit, cette législation resta en vigueur, ou du moins ne fut pas abrogée pendant toute la Révolution. On l'a contesté, en s'appuyant sur les discours prononcés lors de la discussion du Code (1) : c'est une erreur. Il y eut plusieurs lois relatives au commerce des monnaies, mais non à l'intérêt ; elles n'avaient pour but, que d'empêcher la dépréciation du papier monnaie en entravant le commerce de la monnaie métallique. Ainsi le décret du 11 avril 1793 défendit le commerce de la monnaie. On prétend que ce décret déclara l'argent marchandise : tout au contraire, il le retira en quelque sorte du commerce, en voulant lui donner la même valeur qu'aux assignats. De telles mesures ne pouvaient arrêter le mal. La dépréciation des assignats continua, et le peu d'argent qui circulait encore disparut.

Le 6 floréal an III, l'article 1 du décret de 1793 qui retranchait l'or et l'argent du nombre des marchandises, fut rapporté. Mais une nouvelle loi du 2 prairial suivant, rapporta le décret et remit en vigueur les lois prohibant le commerce des monnaies métalliques. Enfin une dernière

---

1. Locré, T. XV, p. 80.

loi du 28 vendémiaire an IV régla la vente et l'achat des espèces et matières d'or et d'argent, exigeant que les transactions eussent lieu à la Bourse et à haute voix. Rien dans ces lois ne concerne l'intérêt et l'usure : la Convention s'efforçait en vain de lutter contre la dépréciation progressive des assignats, sa seule ressource. La loi de 1789 resta donc en vigueur jusqu'à la promulgation du Code, mais il n'est pas besoin de dire qu'au milieu de la crise terrible que traversait la France, elle ne fut pas appliquée.

154. — Après la Révolution, la loi de 1789 devait reprendre son empire et c'est ce que jugèrent un grand nombre de Cours d'appel. Mais la Cour de cassation (1), commettant l'erreur que nous avons déjà réfutée, jugea que la loi de 1789 avait été abrogée pendant la Révolution. Depuis 1809 sa jurisprudence resta fixée en ce sens pour tous les prêts antérieurs à la loi de 1807.

1. 3 mai 1809.

CHAPITRE VI

155. — La discussion de l'article 1907 mit en présence
les partisans des deux doctrines de la liberté de l'intérêt
et de la restriction. L'article 34 du projet du Code était
ainsi conçu : « le taux de l'intérêt est déterminé par des
lois particulières. L'intérêt qui aura été stipulé à un taux
plus fort, sera réduit conformément à la loi. Si l'intérêt a
été payé au-dessus du taux légitime, l'excédent sera im-
puté, année par année, sur le capital qui sera réduit d'autant. Ces dispositions ne s'appliquent pas aux négociations
commerciales. »

156. — Au conseil d'État (séance du 28 janvier 1804),
la plupart des orateurs parlèrent en faveur de la liberté.
Regnaud de Saint-Jean d'Angély exprima la crainte qu'une
loi restrictive ne fût éludée au gré des parties ; il fit remarquer qu'on arrivait ainsi à établir pour les particuliers,
une règle que les gouvernements ne suivraient pas. Treilhard parla dans le même sens et fit aussi valoir l'inanité des
lois restrictives. Tronchet et Malleville au contraire revendi-
quèrent le droit d'intervention de l'État, en matière de fixation d'intérêts. Enfin Cambacérès qui présidait, proposa de

ne fixer le taux qu'à défaut de stipulation par les parties. Malleville soutint qu'il fallait fixer une règle, sans quoi les citoyens se laisseraient aller à suivre l'usage, et on laisserait le champ libre à l'usure. M. Bérenger répliqua, en faisant une remarquable analyse de l'intérêt, montrant qu'il est variable comme le cours de toutes les marchandises, qu'il tend à s'élever lorsque, la loi lui suscitant des obstacles, augmente les risques, que la prohibition est dangereuse parce qu'elle donne au peuple le pire des exemples, l'exemple de la violation de la loi. Mais il accordait que le législateur devait fixer le taux, si cette détermination n'avait pas été faite par les parties. Tronchet s'arma de cette concession pour proposer une modification au projet, maintenant le droit d'intervention de l'État, mais seulement dans les circonstances exceptionnelles ; en temps ordinaire, les parties devaient débattre librement les conditions du prêt.

Le 7 mars, Bouteville adressant son rapport au Tribunat, manifesta la crainte qu'on n'exigeât des intérêts supérieurs au taux légal ; il pensa qu'en exigeant que l'intérêt conventionnel fût fixé par écrit « les vampires qui abusent de la misère, de l'infortune, n'oseraient pas à la face des tribunaux, réclamer le paiement de leurs scandaleuses usures. » Comme si la crainte de la preuve écrite pouvait arrêter ceux qui ne reculeraient pas devant une autre preuve ! Le seul résultat devait être de priver ceux qui ont contracté au taux légal, de moyens de preuves admissibles en toute autre matière ; cette disposition passa dans l'article

1907. Bouteville reconnut que le taux de l'intérêt est variable, que les lois prohibitives ne peuvent l'abaisser, et aboutit à cette singulière conclusion, qu'on devrait laisser le soin à l'administration « suivant de moment en moment l'état du corps politique, » de fixer un maximum quand elle le jugerait convenable. Deux jours après, l'article était voté. Les auteurs du Code étaient hésitants ; la pensée qui ressort de cette discussion, c'est que, si dans les circonstances ordinaires, l'intérêt doit être libre, la répression est nécessaire aux époques de malheurs publics ; on se souvenait de l'usure monstrueuse qui avait signalé la fin de la Révolution, et on espérait pouvoir par une loi, en empêcher le retour.

157. — En 1807, toute hésitation a disparu ; on est résolument contraire à la liberté du prêt. L'article 1907 n'admettait pas qu'on pût limiter l'intérêt d'une manière durable. Les auteurs de la loi de 1807 ne s'occupent plus de déterminer le taux d'après les besoins de l'époque, mais « de délivrer la France des horreurs de l'usure ; ils veulent ramener parmi les classes laborieuses, ceux que leur état y appelle ; quand bien même la fixation de l'intérêt pourrait empêcher beaucoup de gens de trouver à emprunter, le législateur aurait peu à s'en occuper ; il faut empêcher les travailleurs de tout genre de se précipiter dans le gouffre de l'agiotage. » Voici un extrait du rapport présenté par le comte Jaubert au Conseil d'État : « Dans tous les temps les nations civilisées se sont occupées de l'intérêt de l'argent. Leur législation a dû varier,

chaque pays en effet a ses mœurs, ses habitudes qui tiennent au caractère national, qui tiennent aussi à l'étendue du territoire, au numéraire circulant comparé à la population et au commerce. »

. . . .

Le Code civil a fait ce qu'il a pu dans les circonstances où il a paru. Ajoutons que ce code qui ne pouvait contenir que des règles éternelles ne pouvait non plus fixer le taux de l'intérêt qui est variable de sa nature et qu'il suffisait de le laisser dans le domaine de la loi.

Le temps est venu d'examiner si cette fixation est nécessaire. Il suffit de jeter les yeux sur les maux qu'a produits et que produit encore l'arbitraire dans les stipulations. Il est reconnu que le taux excessif de l'intérêt de l'argent attaque la propriété dans ses fondements, qu'il ruine l'agriculture, qu'il empêche les propriétaires de faire des améliorations utiles, qu'il corrompt les véritables sources de l'industrie ; que par sa pernicieuse facilité de procurer des gains considérables, il détourne les citoyens des professions utiles et modestes : enfin qu'il tend à ruiner des familles entières et à y porter le désespoir. »

158. — Voilà un formidable réquisitoire : peut-être le sombre tableau qui nous est fait des résultats de l'usure, n'est-il pas trop chargé, les épreuves terribles qu'on venait de traverser ne le rendent pas invraisemblable.

Mais peu à peu l'usure diminua : l'amélioration du crédit affermi par les premières victoires de l'Empire, amena la baisse de l'intérêt, Joubert lui-même le reconnaît : « voudrait-on dire que la baisse de l'intérêt s'étant déjà généralement opérée, on n'a pas besoin de loi et qu'il faut tout attendre des évènements, qui ne peuvent que procurer des améliorations successives.... » Il attendit tout de la loi et proposa de limiter le taux de l'intérêt à 5 et 6 pour 100.

Goupil-Préfeln qui soutint l'opinion de Joubert, reconnut que ce n'était pas à la liberté de l'intérêt qu'il fallait attribuer les excès de l'usure : «ce n'est pas à la loi du 11 avril 1793 qu'il faut attribuer exclusivement la hausse énorme de l'intérêt de l'argent, elle eut sa cause principale dans le décroissement rapide du papier-monnaie qui circulait alors, c'est ainsi que quelqu'élevé que fut l'intérêt stipulé, le prêteur à un ou deux mois de terme, ne recevait souvent pas, en y comprenant cet intérêt, la moitié de la valeur qu'avaient au jour du prêt les assignats qu'il avait délivrés. »

On voit d'après ce passage que si l'on doit s'apitoyer sur le sort des débiteurs, les créanciers sont aussi fort à plaindre de courir de tels risques, et on ne peut s'étonner qu'ils exigeassent d'énormes intérêts. Mais comment tirer de cette situation exceptionnelle un exemple, et des prévisions pour ce qui doit se passer dans les circonstances normales? Quoiqu'il en soit la loi fut votée.

159. — Mais sept ans plus tard, il fallut bien se départir des préjugés qui avaient dicté la loi de 1807 : l'état misérable ou l'Empire laissait la France, l'absence de capitaux obligea à suspendre la loi de 1807.

Le décret du 15 janvier 1814 décida, que jusqu'au 1er

janvier 1815 , les prêts sur dépôt de marchandises pourraient êtres faits par toute personne, avec entière liberté aux
prêteurs et emprunteurs de déterminer la quotité de l'intérêt : le décret du 18 du même mois suspendit jusqu'au
1er janvier 1815, la fixation de la loi de 1807. Enfin une
ordonnance de 1835 applicable dans les possessions fran-
çaises du Nord de l'Afrique laisse entièrement libre le taux
de l'intérêt.

CHAPITRE VII

L'INTÉRÊT CONVENTIONNEL D'APRÈS LE CODE CIVIL.

SECTION I. — *Dispositions générales.*

160. — L'article 1905 pose en principe, que contrairement aux prescriptions de l'ancienne législation, il est permis d'ajouter au prêt une stipulation d'intérêts. Mais le prêt est gratuit de sa nature : aussi le Code exige-t-il qu'une convention expresse d'intérêts soit jointe au prêt. Si la convention était obscure, on devrait l'interpréter dans le sens d'un prêt gratuit, contrairement au principe que les libéralités ne se présument pas. La jurisprudence a poussé cette doctrine jusqu'à ses conséquences les plus extrêmes. Plusieurs arrêts ont décidé que la clause « sans intérêt pendant le terme » n'équivaut pas à une stipulation d'intérêts à partir de l'arrivée du terme (1). De même quand, dans l'obligation écrite, les parties cumulent les intérêts avec le capital pour n'en faire qu'un seul tout, il a été jugé (2) que cela ne constituait pas la convention expresse exigée par la loi. C'est outrer selon nous, la conséquence d'une

1. Agen, 19 juin 1824, et 9 mars 1833 ; Bourges, 25 avril 1826, et 28 mai 1827 ; Bordeaux, 2 mai 1826.
2. Cass. 29 janvier 1812.

règle dérogatoire aux principes, et depasser évidemment l'intention du législateur. Il y a du reste des arrêts contraires.

161. — Si un prêt à intérêt est renouvelé sans fixation de taux, on présume que les parties ont entendu conserver le taux originaire.

Si les parties avaient stipulé des intérêts sans en fixer le taux, on pouvait autrefois hésiter sur la valeur de cette convention. Le doute n'est plus possible depuis que la loi de 1807 a fixé un taux d'intérêts, il y a présomption que les parties ont entendu se référer au taux légal.

162. — Enfin l'article 1905 s'applique aux prêts de denrées ou autres choses mobilières : on devra donc appliquer à tous ces prêts les règles du Code relative aux intérêts.

162. — L'emprunteur qui a payé des intérêts non stipulés (art. 1906), ne peut ni les répéter, ni les imputer sur le capital, pourvu qu'il les ait payés sciemment, et qu'ils n'excèdent pas le capital. Ce texte vise aussi bien le cas où il n'y a qu'une stipulation irrégulière, que celui ou il n'y en a eu aucune. Mais la raison pour laquelle on ne peut réputer les intérêts, est-elle la même dans les deux cas? Lorsqu'il y a une stipulation irrégulière, le débiteur est présumé avoir payé une obligation naturelle, tout le monde est d'accord : mais on discute, s'il n'y a eu aucune stipulation. M. Pont (1), se fondant sur le peu de faveur

1. Petits contrats, I, n° 254.

qu'accorde le législateur au prêt à intérêt, pense que la disposition de l'article 1906 ne vise que le cas de stipulation tacite, telle que celle de reconnaître par une indemnité convenable le service rendu. Nous n'admettons pas cette interprétation : la loi est générale et s'applique, même en l'absence de toute stipulation. Du reste, même dans le système de M. Pont, les intérêts ne seraient pas répétés : mais le paiement ne vaudrait qu'à titre de don manuel et serait comme toute donation soumis au rapport, à la réduction, etc...

164. — Nous avons vu dans le chapitre précédent les principales dispositions de l'article 1907 : il nous reste à prendre parti dans les controverses qu'il soulève.

Le taux de l'intérêt doit être fixé par écrit. Quelle est la valeur de cette prescription ? Pour M. Duranton, c'est une formalité exigée « *ad solemnitatem* », et par suite excluant non-seulement la preuve par témoins, mais encore le serment et l'interrogatoire sur faits et articles. Nous pensons au contraire que le législateur a voulu seulement écarter la preuve par témoins, même au-dessus de 150 fr. que les dispositions autorisant la preuve par l'aveu et par le serment, sont assez larges pour être appliquées en notre matière.

« Le serment décisoire peut être déféré sur quelque espèce de contestation que ce soit » (art. 1358).

« Il peut être déféré en tout état de cause, et encore qu'il n'existe aucun commencement de preuve de la demande ou de l'exception sur laquelle il est provoqué (art.

1360). L'écriture n'est pas de l'essence du contrat. Quand l'article 1907 dit : le taux doit être fixé par écrit, il a évidemment le même sens que l'article 1341 : « Il doit être passé acte devant notaire, ou sous signature privée de toutes choses excédant la somme ou valeur de 150 francs, même pour dépôt volontaire : et il n'est reçu aucune preuve par témoins contre et entre le contenu aux actes, etc...

165. — Le principe que le prêt ne porte pas intérêt de plein droit, mais qu'il faut une convention écrite est-il applicable au prêt commercial ? M. Pardessus a soutenu que les intérêts sont dus quand l'obligation de les payer résulte de la nature et de l'espèce de la négociation, ou de l'usage des lieux qui peut suppléer aux conventions expresses : qu'en conséquence le prêt commercial porte intérêt, indépendamment de toute convention écrite. Massé (1) soutient la même opinion, répondant à l'objection tirée du texte de l'article 1907, que la prescription de cet article porte non pas sur sur la stipulation même de l'intérêt, mais sur celle du taux : stipulation inutile, puisque dans l'espèce il est déterminé par les usages du commerce.

Nous repoussons ce système, comme établissant entre le prêt civil et le prêt commercial, une différence qui n'est pas dans la loi : dire que c'est le taux qui doit être fixé par écrit et non la convention est une pure subtilité. On peut stipuler des intérêts : mais à une condition, c'est que cette stipulation soit constatée par écrit.

1. Dr. com. t- IV. n° 1699.

166. — L'article 1906, disposant que les intérêts payés ne peuvent être répétés, même à défaut de convention, est favorable à l'emprunteur. L'article 1908 édicte une disposition favorable au prêteur. La quittance du capital, donnée sans réserve des intérêts, en fait présumer le paiement : cette présomption n'admet pas la preuve contraire, l'article ajoutant qu'elle opère libération.

Il est naturel que le créncier impute d'abord sur les intérêts, s'il lui en est dû, ce que lui paie le débiteur : aussi à défaut d'imputation différente, la loi présume que les parties ont voulu faire l'imputation sur les intérêts (art. 1254). Mais si le créancier donne quittance du capital, il reconnaît par là que rien ne lui est plus dû sur les intérêts.

Section II. — *De la rente constituée.*

167. — La rente constituée apparut au moyen-âge, comme une réaction contre la prohibition du prêt à intérêt. Inconnue à Rome où elle eût été à peu près sans objet, peu usitée de nos jours, du moins entre particuliers, c'est seulement dans l'ancien droit qu'elle a tenu une place considérable. Elle fut imaginée pour donner le moyen de tirer profit de l'argent, en aliénant à toujours le capital, et tourner ainsi la prohibition du prêt à intérêt. C'était aussi un moyen de se procurer de l'argent, pour ceux qui ne possédant pas de biens fonds, ou ne voulant pas les vendre, ne pouvaient trouver à emprunter gratuitement. Pour donner une satisfaction apparente aux scrupules des canonistes,

on feignait de voir dans ce contrat une vente et non un prêt, on lui donnait un nom spécial, constitution de rente.

La rente constituée est encore usitée aujourd'hui, le Code l'a reglémentée, nous devons donc en exposer la théorie.

168. — La distinction entre le prêt à intérêt et la constitution de rente était autrefois d'une extrême importance, l'une étant licite, l'autre défendu. Cette différence fondamentale a disparu : la rente constituée n'est plus aujourd'hui qu'une variété du prêt à intérêt. On peut la définir : un contrat par lequel l'une des parties s'oblige à payer une redevance annuelle et perpétuelle, mais essentiellement rachetable, pour prix d'une certaine quantité de choses fongibles qu'elle a reçues de l'autre et que celle-ci s'interdit d'exiger.

169. — Dans la rente constituée, il y a comme dans la vente aliénation perpétuelle du capital. M. Troplong, se fondant sur cette analogie, soutient que la rente constituée est une vente et non un prêt. Il est pourtant difficile d'admettre qu'il suffise pour déclasser le prêt, que le délai de remboursement soit indéfiniment reculé au lieu d'être fixé, Si autrefois les jurisconsultes l'assimilaient à la vente c'est qu'il fallait bien trouver un motif quelconque pour ne pas lui appliquer la législation canonique du prêt à intérêt. Ce motif a disparu, et le point de vue auquel s'est placé le législateur ne peut faire doute. L'article 1909 place la rente constituée dans le chapitre du prêt à intérêt : l'article 1612 appelle le crédit rentier un prêteur : la loi assimile donc les deux opérations.

170. — De ce que la rente est une forme de prêt à intérêt, concluons qu'elle doit être soumise aux mêmes conditions de forme et de fonds que celui-ci, notamment la stipulation de la rente doit être expresse.

La loi de 1807 s'applique également en matière de constitution de rente : c'est une loi sur l'intérêt conventionnel, or les arrérages d'une rente sont une forme de cet intérêt. On ne comprendrait pas du reste que le taux des rentes fut laissé libre : ce serait laisser la porte ouverte à des fraudes impossibles à prévenir : il suffirait de constituer une rente avec stipulation de non remboursement pendant dix ans, pour tourner la loi. D'ailleurs les raisons qui ont décidé le législateur à limiter le taux des prêts se retrouvent dans la constitution de rente.

171. — Malgré l'analogie qui existe entre les deux contrats le Code laisse subsister entre eux des différences importantes : il importe donc de pouvoir discerner dans quel cas il y a prêt, dans quel cas, rente constituée. On ne peut donner de régle absolue : c'est aux tribunaux à rechercher, par l'interprétation des termes de la convention, quelle a été l'intention des parties. Ainsi la Cour de Paris (1), a jugé qu'une convention, d'après laquelle la somme due est remboursable à la volonté du débiteur, n'exprime pas suffisamment la renonciation du créancier à demander le remboursement : qu'on doit y voir un prêt plutôt qu'une constitution de rente.

---

1. 3 décembre 1816.

Les rentes peuvent être constituées à titre gratuit : on a d'assez nombreux exemples de ces rentes, constituées au profit des hospices. Mais ce sont alors des donations, et non pas des prêts : nous n'avons pas à nous en occuper.

L'usure peut se glisser dans la rente constituée comme dans le prêt à intérêt : il est évident que toutes les combinaisons usuraires doivent être annulées, tout ce qui dépasse le taux légal doit être réduit.

On discutait autrefois, si le capital d'une rente pouvait être fourni en denrées, ou autres choses mobilières fongibles. L'affirmative ne peut plus être contestée sous l'empire du Code.

Le capital à rembourser est en général, celui qui a été donné pour la constitution de rente. La convention que le capital à rembourser est supérieur au capital donné, doit être considérée comme suspecte d'usure, et comme contraire au principe de la liberté du rachat (1).

174. — Il a constamment été de principe, que le remboursement ne pouvait jamais être exigé par le créancier, mais qu'il pouvait être offert et imposé par le débiteur. Cette faculté existe pour lui malgré toute convention contraire, elle est de l'essence de la rente. Les rentes, dit Guy-Coquille sont « rachetables de leur propre essence et premier établissement. »

175. — L'article 1911 permet de stipuler que le rachat ne pourra avoir lieu avant dix ans. La stipulation d'un

1. Delv. T. III, note p. 414.

délai plus long devrait être réduite à dix ans (arg. d'analogie de l'art. 1660). *Quid* si le contrat porte que la rente sera irrachetable ? Pothier (1) dans ce cas annulait tout le contrat. Nous pensons que la clause défendant le rachat doit seule être annulée : c'est la solution donnée par l'article 530 pour un cas particulier de rente constituée, et il n'y a pas de raison pour établir une autre règle dans le cas général.

176. — De ce que le capital ne peut jamais être exigé par le créancier, mais peut toujours être remboursé par le débiteur, il résulte : que ce dernier devenant créancier du crédi-rentier peut compenser sa créance avec le capital de la rente : au contraire le crédi-rentier ne pourrait invoquer la compensation. Mais si le capital était supérieur à la somme dont le débiteur de la rente demande la compensation, celui-ci devrait faire des offres réelles de payer le surplus, parce que le créancier ne peut être obligé à recevoir un paiement partiel. Enfin, si deux personnes se doivent réciproquement une rente, la compensation n'est possible que du consentement des deux parties. Ces solutions données par Toullier (2) sont conformes aux principes.

177. — La faculté de rachat peut être exercée par tous les intéressés, débiteur principal, cautions, tiers détenteurs de fonds hypothéqués. Mais il faut toujours payer à la fois

1. N° 51.
2. N°ˢ 404, 405, 406.

capital et arrérages, le paiement ne pouvant pas être partiel.

178. — Le rachat de la rente ne peut avoir lieu partiellement : cette proposition, conforme aux principes généraux du paiement, n'est pas contestée dans les rapports entre créancier et débiteur. Mais une difficulté se présente, quand le débiteur meurt, laissant plusieurs héritiers. Le rachat peut-il être fait par chacun d'eux pour sa part, ou bien le créancier peut-il exiger que tout le capital lui soit remboursé à la fois ? Pour soutenir cette dernière opinion, on s'appuie sur ce que, dans la rente constituée, la restitution n'étant pas *in obligatione*, il n'y a, se divisant entre les héritiers, d'autre obligation que celle de payer les arrérages, obligation contractée sous la condition résolutoire, si telle somme donnée par le créancier n'est pas remboursée : or, la condition est indivisible. Enfin on tire argument du mot rachat qu'on trouve dans l'article 1911 : cette expression semble indiquer que la loi a eu vue plutôt une faculté de réméré que le remboursement d'une dette.

Nous pensons qu'on doit appliquer le principe général de la division des dettes entre les héritiers : la rente constituée est, nous l'avons déjà dit, un prêt à échéance indéterminée, une obligation à terme et non conditionnelle. L'argument tiré du mot rachat est sans valeur : le Code a conservé l'expression rachat, comme l'expression rente constituée, mais en modifiant le sens du mot rente constituée, il a changé en même temps celui du mot rachat.

179. — L'obligation principale du constituant, celle de

payer les arrérages, s'exerce suivant les formes ordinaires du paiement. La rente est de droit quérable, c'est-à-dire payable au domicile du débiteur, à moins de convention qui la déclare portable.

180. — Nous avons vu qu'en principe le créancier ne peut jamais exiger le remboursement, mais cette règle comporte des exceptions :

1° Si le débiteur ne fournit pas les suretés promises par le contrat ;

2° S'il cesse de remplir ses obligations pendant deux ans ;

3° En cas de faillite ou de déconfiture du débiteur.

181. — La première exception n'est pas autre chose que l'application de l'article 1184 : l'inexécution par une des parties, des obligations qui lui incombent, est une condition résolutoire tacite de tout contrat synallagmatique. Or, aux termes de l'articles 1184, les manquements du débiteur ne donnent pas au créancier un droit de résolution définitif. Le contrat n'est pas résolu de plein droit, et les juges peuvent, en raison des circonstances, accorder un délai. De même, en cas d'empêchement, les tribunaux peuvent autoriser à donner, au lieu de la sûreté promise, une sûreté équivalente (arg. tiré de l'art. 2131). D'autre part, tout le monde reconnaît, que la diminution des sûretés par cas fortuit n'est pas une cause de résolution. Mais les tribunaux n'auraient pas ce pouvoir discrétionnaire, s'il apparaissait clairement, d'après les termes de la

convention, qu'à défaut de la sûreté spécialement désignée, les créanciers n'eussent pas contracté.

Si le débiteur détruisait ou diminuait sciemment les sûretés, en dégradant les immeubles, ou en coupant sans remplacement les futaies, on appliquerait l'article 1188, déclarant déchu du bénéfice du terme le débiteur qui a, par son fait, diminué les sûretés de son créancier.

La question s'est souvent posée devant les tribunaux, à propos de la vente des immeubles hypothéqués à la rente, par un prix inférieur au capital. Plusieurs arrêts de la Cour de cassation et des Cours d'appel ont décidé que le droit de l'acquéreur à la purge, exposant le créancier à recevoir un paiement partiel, constituait ainsi une diminution de ses sûretés. Les auteurs soutiennent généralement qu'il n'y a là que la possibilité d'une diminution et non une diminution effective.

182. — Le défaut de paiement des arrérages pendant deux ans produit *ipso facto* la résolution du contrat : comme si les parties avaient inséré au contrat la condition résolutoire. La Cour de Rouen avait décidé que le remboursement n'était exigible qu'après le non paiement pendant trois ans : elle se fondait sur ce qu'alors seulement, le débiteur avait cessé de remplir ses obligations pendant deux ans, l'obligation de payer ne commençant qu'à l'échéance des arrérages, c'est-à-dire à l'expiration de l'année. Cet arrêt qui s'attachait trop à la lettre de l'article 1912 a été cassé : en effet l'article signifie clairement que le débiteur

d'une rente, débiteur de deux ans d'arrérages peut être contraint au remboursement.

M. Duranton enseigne que les deux années d'arrérages, doivent être consécutives. Cette opinion nous paraît peu fondée : outre que cette condition n'est écrite nulle part dans la loi, ce système suppose, ce qui nous semble inadmissible, que le créancier peut être tenu à recevoir les dernières avant les premières. Quelles que soient les années dues, le dommage éprouvé par le créancier est toujours le même, la réparation doit aussi être la même.

183. — Il nous reste à examiner une dernière question.

Comment le créancier doit-il s'y prendre pour constater le retard du débiteur, et se mettre en mesure d'exiger le remboursement ?

Il faut distinguer si la rente est quérable ou portable. Dans ce dernier cas, le délai est fatal et une fois qu'il est écoulé, le débiteur ne peut plus purger sa demeure par des offres, avant la demande en justice formée par le créancier : il se met lui-même en demeure, par le défaut de paiement des arrérages pendant deux ans. La doctrine et la jurisprudence sont d'accord sur ce point. La raison en est, dit Zachariæ (1), qu'il s'agit moins de prononcer la résolution du contrat, que de relever le créancier de la renonciation conditionnelle par lui faite à la faculté d'exiger son remboursement.

Si la rente est quérable, la jurisprudence exige du cré-

____

1. T. 3, p. 102, Note 5.

ancier la preuve qu'il s'est présenté au domicile du débiteur pour recevoir le paiement. Une sommation est donc nécessaire : si l'huissier n'avait pas mandat de recevoir le paiement, la sommation serait insuffisante.

Section III. — *De l'anatocisme.*

184. — L'anatocisme est la production d'intérêts nouveaux par un capital formé d'anciens intérêts. Cette convention était, dans le droit ancien, absolument interdite, aussi bien par les lois civiles que par les lois canoniques.

L'ordonnance de Philippe le Bel de 1311 contre l'usure, dit déjà, dans son article 4 : nul créancier faisant renouveler son obligation, ne pourra faire accumuler l'intérêt avec le principal, sous la même peine (perte de corps et de biens). L'ordonnance de 1673 (1) le proscrit même en matière commerciale ; « les négociants, marchands et aucun autre, ne pourront prendre l'intérêt de l'intérêt, sous quelque prétexte que ce soit. » Et pour plus de sûreté, un autre article (2) défendait aux négociants, marchands et autres, de comprendre l'intérêt avec le principal dans la lettre où billet de change ou autre acte.

Cependant une exception avait été faite en faveur des mineurs ; dans les comptes de tutelle, le paiement des in-

1. Titre 6 article 2.
2. Article 1er même titre.

térêts dus au mineur se faisait par échelettes, comme il se fait encore aujourd'hui. On faisait une autre exception pour le tiers, qui, payant les intérêts dus par un débiteur, pouvait réclamer les intérêts de ce qu'il avait payé.

Du reste, dans l'ancienne législation, toute stipulation d'intérêts étant en principe prohibée, la conséquence devait être la prohibition de l'anatocisme.

185. — Dans le droit intermédiaire, le taux de l'intérêt fut laissé complètement libre ; cependant, au moins d'après l'opinion commune, la prohibition de l'anatocisme subsista.

186. — Sous l'empire du Code, qui reconnaît la légitimité de l'intérêt, cette prohibition a perdu sa principale raison d'être. Lors de la discussion du projet de Code, la commission chargée de la rédaction ayant proposé de maintenir la prohibition de l'anatocisme, on fit remarquer que les intérêts échus deviennent un véritable capital, et que tout capital, d'après les nouveaux principes adoptés, pouvait produire des intérêts. Cette opinion soutenue par Treilhard et Bigot-Préameneu triompha.

Mais on n'admit pas sans restriction le principe de l'anatocisme. Laissé complètement libre, il présente en effet de graves inconvénients, auxquels les législations ont toujours cherché à porter remède. L'accumulation des intérêts produisant eux-mêmes intérêts, grossit les dettes avec une effrayante rapidité ; convention inoffensive en apparence, elle peut entraîner la ruine à bref délai, de l'imprudent qui n'en soupçonne pas les dangers. Aussi l'article 1154 ne l'autorise-t-il qu'à deux conditions :

1° Qu'il s'agisse d'intérêts dus pour une année, empêchant ainsi qu'on ne puisse, par des échéances trop rapprochées, grossir trop vite la dette.

2° Une convention spéciale portant sur des intérêts échus. L'interprétation de cet article soulève plusieurs controverses.

187. — Tout d'abord l'article 1154 pose en règle, que la capitalisation des intérêts n'est possible qu'autant qu'ils sont dus pour une année au moins. La loi parle d'intérêts dus pour un an et non depuis un an : elle exige donc que le débiteur ait eu la jouissance du capital pendant un an ; on ne pourrait faire produire des intérêts à des intérêts qui seraient dus pour moins d'un an, même s'ils étaient dus depuis plus d'un an.

La loi ne fixe pas de maximun ; elle exige seulement que les intérêts soient dus pour un an au moins. Si donc un prêt est fait pour plus d'un an, pour dix-huit mois par exemple, il n'est pas douteux qu'on puisse à l'échéance, convenir que les intérêts de ces dix-huit mois deviendront productifs d'intérêts. On ne peut objecter que la loi veut assurer au débiteur la jouissance du capital pendant une année entière, en échange des intérêts légaux, et que dans l'espèce le débiteur ne jouirait des intérêts que pendant une fraction d'année, et non pendant l'année entière ; le deuxième semestre de la deuxième année, qui aurait pu produire des intérêts à l'expiration de cette année ne pourra plus en produire, qu'après l'expiration du premier semestre de la deuxième année, il y a compensation (1).

1. Dem. n° 63 Colmet de Santerre, t. V, n° 71 bis.

188. — Faut-il de l'article 1154 conclure qu'on ne peut faire de prêt dont les intérêts seraient payables par semestres, par exemple. On peut soutenir que l'unité de temps choisie par la loi est l'année ; que si les intérêts sont payables au bout de six mois, l'emprunteur perdra pendant le deuxième semestre la jouissance de ce qu'il aura payé à la fin du premier, qu'on dépasse ainsi le taux légal. On ajoute que, si le paiement par semestre est valable, il n'y a pas de raison pour ne pas en dire autant du paiement par mois ou par semaine. Or c'est précisément contre le danger des prêts à la petite semaine que la loi cherche à prémunir les débiteurs. Enfin l'article 1154 n'autorise que des intérêts payables par année.

Quelque sérieux que soient ces arguments, le système contraire a prévalu en jurisprudence comme en doctrine. La loi n'a pas précisé l'époque des paiements : on peut dire qu'elle s'en rapporte aux usages. L'article 1154 prévoit un cas tout spécial et particulièrement dangereux pour le débiteur, on n'en peut rien conclure contre une convention favorable au débiteur, en ce qu'il n'a pas à faire de gros paiements. Sans doute, cette convention pourra dissimuler des fraudes usuraires, résultant de plusieurs renouvellements successifs ; mais c'est l'affaire des tribunaux de déjouer la fraude partout où elle se cache, une telle convention faite sans fraude devra être maintenue.

Cela posé, le débiteur pourrait à l'échéance, rembourser capital et intérêts, et les emprunter à nouveau: pourra-t-il, au lieu d'effectuer le remboursement, convenir après

l'échéance que ces intérêts deviendront productifs d'intérêts? Les uns regardent cette convention comme toujours
valable, les autres comme toujours nulle.

La vérité nous paraît être entre ces deux systèmes. Une
telle convention est valable en principe pourvu qu'elle soit
sérieuse, qu'elle ait pour but, par exemple, d'éviter des
frais au débiteur, mais nous réservons le cas, où intention-
nellement, les parties auraient voulu, par des renouvelle-
mens successifs, excéder le taux légal, c'est une question
d'intention, et en matière de fraude le pouvoir d'appréciation des tribunaux 'est souverain. Ce cas mis à part,
pourquoi la tradition feinte n'aurait-elle pas la même valeur
que la tradition réelle? C'est un renouvellement ou plutôt
un nouveau prêt qui est contracté. Une telle convention ne
serait illicite que si l'on ne pouvait faire de convention d'intérêt pour moins d'un an.

189. — La deuxième prescription de l'article 1164 donne
lieu à une autre controverse. A quel moment peut intervenir la convention qu'elle autorise? Peut-on convenir d'a-
vance que les intérêts, à mesure qu'ils arriveront à échéance,
deviendront productifs d'intérêts, ou bien la convention
n'est-elle valable qu'autant qu'il s'agit d'intérêts déjà
échus et dus?

M. Duranton a soutenu le premier système, qui semble
prévaloir dans la jurisprudence (1). La convention, dit-il,
porte sur des intérêts à échoir, mais qui ne produiront inté-

____

1. Contra. Nîmes 9 février 1827.

rêts qu'au moment de leur échéance; elle respecte donc le texte de la loi, exigeant seulement qu'il s'agisse d'intérêts échus. Ce que veut la loi, c'est empêcher qu'une telle convention, s'il s'agit d'intérêts dus pour moins d'un an, n'amène une progression rapide et ruineuse de la dette. Elle cherche à prévenir l'usure en prohibant ce qu'on appelle les prêts à la petite semaine; ce qui n'a pas lieu le moins du monde dans l'espèce.

Les choses futures peuvent faire l'objet d'une obligation (art. 1130), or aucun texte ne déroge à cette règle en ce qui concerne les intérêts à échoir. Dans le système contraire, l'article 1154 édicterait une disposition bien inutile : il est évident que des intérêts échus deviennent un capital susceptible d'être prêté à intérêts. Peu importe que ces intérêts n'aient pas été remis au créancier : sous-l'empire du code, la tradition feinte a la même valeur que la tradition réelle (art. 1606).

On ajoute enfin à ces arguments, une considération pratique qui n'est pas sans importance. Il peut arriver qu'un homme riche, mais dont tous les biens sont grevés d'usufruit, ne soit en mesure de payer actuellement aucun intérêt : si on lui défend la convention relative aux intérêts à échoir, tout son avoir étant immobilisé, il ne pourra donc assurer à ses enfants un établissement en rapport avec sa fortune !

Cette considération pratique, quelque sérieuse qu'elle soit, ne nous fera pas adopter ce système; il est certain que la loi a prévu précisément le cas, où se trouvant dans l'impossibilité de libérer, le débiteur voit s'accroître de plus en plus sa dette sans pouvoir l'empêcher.

Le danger de l'anatocisme redouble, quand il s'agit d'intérêts à échoir ; celui qui a un besoin pressant d'argent est enclin à se faire illusion, à espérer qu'il pourra se soustraire par un prompt remboursement aux dangers de la convention : que du moins à défaut du capital, il sera en mesure de payer les intérêts. S'il s'est trompé, il sera réduit à l'impuissance, pour conjurer la ruine qui doit forcément l'atteindre: c'est là le danger capital de l'anatocisme, on ne peut admettre que la loi l'ait laissé en dehors de sa réglementation.

Les travaux préparatoires nous donnent des arguments en faveur de ce système. M. Pelet demande si on pourra joindre au capital originaire les intérêts liquidés, pour ne faire du tout qu'un même capital. Cambacérès : « si par une convention nouvelle, ajoutant au capital primitif les intérêts échus, le créancier stipulait des intérêts qui deviendraient le prix de ce nouveau crédit, la convention devrait avoir effet. » Enfin Regnauld de Saint-Jean d'Angely demande que toute liquidation d'intérêts fasse produire des intérêts à la totalité des sommes dont elle constitue débiteur (1). Les orateurs supposent toujours qu'il s'agit d'intérêts liquidés, par conséquent déjà échus, d'une convention nouvelle, ce qu'on ne peut entendre que d'une convention postérieure à la première. Cette nécessité d'une convention spéciale est inscrite

____

1. Locré T. XII p. 147 et suiv.

dans l'article 1154. Ce système est tout à fait dans l'esprit de la loi. Elle a voulu venir au secours des imprudents, empêcher que la dette ne grossisse d'elle-même, à l'insu du débiteur : et pour cela, elle exige que chaque année, une nouvelle convention leur mette sous les yeux, de combien leur dette est accrue.

Mais ce sont surtout les termes mêmes de l'article qui nous paraissent décisifs. Dans le système contraire, on lui fait dire que des intérêts pourront être dus seulement pour des intérêts échus, et non pour des intérêts à échoir : c'est-à-dire, que des intérêts dus seulement en 1883 ne produiront pas intérêts en 1882 : à coup sûr ce n'est pas cette naïve vérité que le législateur a voulu dire.

On ne peut du reste séparer cette disposition des précédents historiques : nous avons vu qu'avant Justinien, l'anatocisme était prohibé *in futurum* pour les intérêts à échoir, permis *in præteritum*, pour les intérêts échus. C'est évidemment cette distinction, que les rédacteurs du code ont voulu reproduire : ils permettent l'anatocisme *in præteritum*, le défendent *in futurum*.

Enfin notre solution est confirmée par la comparaison des articles 1154 et 1155. L'article 1155, cela résulte de sa rédaction, formule une exception au principe précédent. Il décide que les intérêts de certains revenus peuvent courir du jour de la convention, sans qu'ils soient dus pour une année. Il est bien certain qu'il s'agit ici des revenus échus et dus. Or l'article 1155 parle des revenus échus comme l'article 1154 « d'intérêts échus» : de plus l'article 1155 ne peut-être une exception à l'article 1154 qu'autant qu'il vise le même cas ; donc il s'agit dans l'article 1154 d'intérêts déjà échus et dus.

190. — Il nous reste à citer les exceptions à l'article 1154 formulées par l'article 1155 : « néanmoins, les revenus échus tels que fermages, loyers, arrérages de rentes perpétuelles ou viagères, produisent intérêt du jour de la demande ou de la convention. La même règle s'applique aux restitutions de fruits, et aux intérêts payés par un tiers au créancier en acquit du débiteur. » Nous avons vu que cette dernière exception existait déjà dans l'ancien droit. Remarquons que le paiement des intérêts par un tiers ne doit pas nuire au débiteur ; que l'article ne serait pas applicable en faveur d'un créancier, qui aurait payé pour obtenir la subrogation contre le débiteur.

Les fermages, les loyers, les restitutions de fruits par un possesseur de mauvaise foi ne font pas exception comme le dit l'article 1155, mais sont en dehors de la règle : car ce ne sont pas des intérêts.

Le législateur a reproduit une ancienne distinction de Domat (1) « ces sortes de revenus sont différents des intérêts, en ce que les intérêts ne sont pas un revenu naturel, et ne sont de la part du débiteur qu'une peine que la loi lui impose pour son retardement, de la part du créancier qu'un dédommagement de la perte qu'il souffre pour n'être pas payé, au lieu que le prix des fruits et des loyers

____

1. Li. 3 Tit. 5 Sect. 1 n° 10.

est un revenu naturel qui de la part du débiteur est la valeur d'une jouissance dont il a profité, et de la part du créancier un bien effectif, qui dans ses mains fait un capital comme tout autre bien. Ainsi le débiteur du prix d'un bail à ferme ou des loyers d'une maison en doit justement les intérêts depuis la demande. »

Les motifs sur lesquels Domat appuie sa distinction sont des plus contestables : elle n'en est pas moins très rationnelle au moins pour la rente constituée, la seule qui nous regarde. Le débiteur dans la rente constituée ne peut être contraint au remboursemet : sa position est donc très favorable. De plus les usuriers, pour l'exercice de leur métier, ayant besoin de tenir leurs fonds disponibles, ils ne les immobilisent pas dans les rentes.

191. — Quelle est la portée de l'article 1155, déroge-t-il à la fois aux deux règles de l'article 1154?

Le texte même de l'article 1155 lève la prohibition de faire produire des intérêts à des intérêts, dus pour moins d'une année. La raison de cette exception est que les loyers, fermages, arrérages, et restitutions de fruits ne sont pas les intérêts d'un capital non aliéné, et par conséquent ne rentrent pas dans la prohibition (1). S'ils ne sont pas des intérêts, l'article 1154 leur est étranger, et la seconde prohibition ne leur est pas plus applicable que la première.

La preuve en est du reste fournie par l'article 2001, disposant que de plein droit et par conséquent par antici-

---

1. Dem. Tom. 24 n° 664.

pation, l'intérêt des avances faites par le mandataire, lui est dû par le mandant, du jour des avances constatées.

Section II. — *Prescription des intérêts.*

192. — La loi admet pour la créance d'intérêts, une courte prescription de 5 ans ; elle ne veut pas que la négligence du créancier puisse porter préjudice au débiteur ; celui-ci, trompé par l'inaction prolongée du créancier, eût peut-être dépensé tout son revenu sans songer à des intérêts qu'on ne réclamait pas, et se fût trouvé tout à coup en face d'une dette énorme.

Le principe de cette disposition se trouve dans l'article 71 d'une ordonnance de 1510, qui admettait une prescription de 5 ans en matière d'arrérages de rentes constituées. Une ordonnance de 1629 est plus générale, elle dit dans son article 150 : l'interpellation ou demande en justice d'intérêts d'une somme principale, ores qu'elle eût été suivie de sentence, ou que lesdits intérêts soient adjugés par sentence ou arrêt, n'acquerra intérêt pour plus de 5 ans, si elle n'est continuée et réclamée. » Mais elle tomba en discrédit après la disgrâce de son auteur, le chancelier de Marillac ; presque tous les parlements refusèrent de la recevoir, en sorte qu'elle ne reçut pas d'exécution. Cette état de choses dura jusqu'au Code qui dans son article 2277 rétablit la prescription de 5 ans.

193. — Cette prescription des intérêts ne repose pas

seulement sur une présomption de paiement ; elle a surtout pour but de punir la négligence du créancier, qui est dangereuse pour l'ordre public, comme le fait remarquer un de nos vieux jurisconsultes, à propos d'une disposition analogue de la coutume d'Auvergne : « la coutume, dit-il, lorsqu'elle ne veut pas qu'on puisse demander les arrérages, n'a pas voulu blâmer la demeure du débiteur, mais la seule négligence du créancier, et c'est en haine d'icelle qu'elle le forclôt de pouvoir agir.

194. — Du reste toutes les législations ont pris des mesures contre ce danger. Justinien défendit aux créanciers de demander plus de 30 ou 40 années d'intérêts selon les cas. C'est sous l'influence des mêmes idées qu'a été conçu l'article 2277. La prescription s'applique à toutes sortes d'intérêts, toutes les fois que la négligence du créancier constitue un danger pour le débiteur, notamment à ceux qui sont dus en vertu d'une convention, jointe à un contrat de vente. Plusieurs auteurs soutiennent que la prescription ne s'applique pas lorsque la chose vendue est frugifère ; les fruits, disent-ils, sont l'équivalent des intérêts, et il serait injuste de laisser l'acheteur jouir des fruits sans lui faire payer les intérêts.

Nous repoussons ce système, comme contraire à la fois au texte et à l'esprit de la loi. Il introduit une distinction dans l'article 2277, qui est absolument général. De plus, le code admet constamment la présomption que les fruits, les revenus sont dépensés au fur et à mesure de leur perception, et il dispense de restituer ceux qui ont été perçus de bonne foi. Un débiteur imprévoyant eût pu être ruiné par l'obligation de restituer plusieurs années d'intérêts : la loi obvie à ce danger, en obligeant le créancier à agir vite, sous peine d'être déchu de son droit.

195. — Mais la prescription des intérêts ne s'applique pas à l'intérêt des sommes dont le tuteur est comptable, tant que n'a pas eu lieu l'apurement du compte de tutelle. Mais si, à partir de ce moment, le mineur laisse passer cinq ans sans agir, les intérêts sont prescrits (1). De même les intérêts des avances reçues par un mandataire, et employées à son usage personnel, ne commencent à se prescrire que depuis l'arrêté du compte de gestion. Le motif est le même dans les deux cas : on ne peut agir, avant que la liquidation du compte établissant lequel des deux est créancier, rende possible l'exercice de l'action.

196. — Que décider quant à la prescription des intérêts, si un contrat de prêt a été passé à l'étranger? La question est très discutée. M. de Savigny admet avec la jurisprudence qu'il faut appliquer la règle « *locus regit actum.* »

MM. Aubry et Rau admettent que la prescription de la loi française est applicable, la dette fût-elle payable, à l'étranger, par le fait que le paiement est poursuivi devant un tribunal français.

197. — Comment se comptent les cinq ans ? En remontant, du jour de la demande et non du jour de la der-

1. Nancy, 19 mars 1830

nière échéance annuelle, de sorte que, si après 5 échéances, le créancier forme sa demande dans le cours de la sixième année, il ne pourra exiger les intérêts échus pendant la première, que proportionnellement au nombre de jours dus depuis l'époque correspondante à celle de la demande, jusqu'à la fin de cette année.

198. — Les causes d'interruption et de suspension de la prescription sont les causes ordinaires; cependant la prescription court contre les mineurs et les interdits, sauf recours contre le tuteur (art. 2277 et 2278); d'autre part, elle continue à courir, bien que les arrérages ou annuités cessent d'être dus pour l'avenir. Ainsi les arrérages d'une rente viagère se prescrivent par cinq ans, même après la mort du crédi-rentier. Du reste, la créance principale étant éteinte par prescription, les intérêts même non frappés de prescription quinquennale, cessent d'être dus.

199. — La prescription est une cause d'extinction de la dette d'intérêts, formellement prévu par le Code ; il y en a une autre spécialement prévue par l'article 1908, la quittance du capital fait présumer l'entière libération. Quant aux autres causes d'extinction, ce sont celles qui anéantissent les obligations, paiement, compensation, confusion, etc...

Toullier pense que des offres faites par le débiteur (1) suffisent pour arrêter le cours des intérêts, même lorsque n'étant pas acceptées, elles ne sont pas suivies d'une con-

____

1. T. 7, n° 225 et suiv.

signation régulière. Nous pensons avec Merlin, que la consignation seule peut libérer le débiteur, quand le créancier a refusé les offres. A plus forte raison, déciderons-nous que la saisie-arrêt pratiquée entre les mains du débiteur ne suffit pas à arrêter le cours des intérêts, et que ceux-ci courront jnsqu'à consignation régulière du tout, intérêts et principal.

CHAPITRE VIII

200. — Arrivons à l'étude de la loi qui est le fonds même de cette thèse, à la loi sur l'intérêt conventionnel. D'abord, cette loi ne dispose que pour l'avenir, ainsi que le décide formellement son article 5. On s'accorde à reconnaître que les intérêts conventionnels, échus avant la promulgation de la loi, sont soustraits à son application : mais on discute, si les intérêts à échoir en vertu de contrats antérieurs à la loi, ne doivent pas être, à partir de la promulgation, réduits au taux légal. La jurisprudence a décidé, que la loi avait voulu laisser subsister les conventions, aussi bien en ce qui concerne les intérêts à échoir que les intérêts échus. Dans l'opinion contraire, l'article 5 eût été inutile : l'article 2 du Code civil seul eût été un obstacle à la répétition des intérêts échus avant la loi, ou au refus de les payer.

201. — L'article 1er de la loi de 1807 indique le taux maximum, auquel il est permis de prêter : au-dessus de ce taux, le prêt est usuraire. Le maximum n'est pas le même en matière civile et en matière commerciale. Il importe donc de distinguer les deux espèces : c'est une question très discutée, la loi n'ayant pas défini ce qu'elle entend par matière civile ou commerciale, la jurisprudence est très hésitante. Cette question a donné lieu à cinq systèmes.

202. — *Premier système.* — Tout prêt fait par un commerçant a un caractère commercial. Il est naturel que le commerçant retire du prêt l'intérêt qu'il eût retiré en faisant valoir son capital : car s'il prête, c'est pour rendre service, il ne faut pas qu'il en souffre. Or, comme l'a fait remarquer Scaccia « *plus valet pecunia mercatoris, quam non mercatoris* » : c'est cette raison qui a décidé le législateur, c'est à la qualité du prêteur qu'il s'est attaché pour faire la distinction. Ces raisons sont très contestables. On a répondu que la loi, en établissant deux taux distincts, a considéré que le prêt commercial étant exposé à plus de risques que le prêt civil, devait recevoir un intérêt plus fort. Mais quand le commerçant, au lieu d'employer ses fonds à des opérations commerciales, qui comportent toujours un certain aléa, les prête à un non-commerçant, il est très juste que courant moins de risques, il obtienne un intérêt moins fort. Qu'il fasse, s'il veut, des placements aléatoires à 6 pour 100 : s'il préfère un placement plus solide, qu'il se contente de 5 pour 100 !

203. — *Deuxième système.* — On s'attache à la qualité de l'emprunteur. Fait à un commerçant, le prêt est commercial ; à un non-commerçant, il est civil. Ce système est plus satisfaisant que le premier et peut-être est-il dans l'esprit de la loi, qu'on ne demande à chacun qu'en raison de ses ressources. Or le commerçant gagne plus que le non-commerçant. De plus, comme nous l'avons fait remarquer, il est naturel que le prêt le plus aléatoire soit le plus rémunéré, et celui qui prête à un commerçaut court plus de risques, le prêt eût-il une distinction non-commerciale. Mais nous repoussons ce système comme contraire au texte de la loi qui parle de matière civile et de matière commerciale : elle ne paraît pas s'attacher à la qualité des parties.

204. — *Troisième système.* — Un prêt est commercial quand une des parties est commerçante ; la loi en effet n'exige pas que le prêt soit commercial des deux côtés, ni d'un côté plutôt que de l'autre. Ce système donne lieu à la même objection que le précédent : rien, dans le texte de la loi, ne permet de dire qu'on doive s'attacher à la qualité des personnes.

205. — *Quatrième système.* — On ne doit tenir compte que de la forme de l'acte : ainsi un prêt fait sous forme de lettre de change est toujours commercial. Ce système avait été proposé, dans les travaux préparatoires du Code : la section de législation avait considéré la signature d'une lettre de change comme étant toujours un acte de commerce. Le Conseil d'État adopta l'idée, que ce fait peut être le résultat d'une opération commerciale, mais qu'il n'est pas par lui-même un acte de commerce.

Ce système n'est pas admissible, la loi prend en considération l'acte lui-même et non la forme dans laquelle il est fait. Ce serait d'ailleurs ériger en règle la fraude à la loi, puisqu'il suffirait de donner à un acte la forme commerciale pour demander 6 pour 100.

206. — *Cinquième système.* — Il n'y a pas à s'inquié-ter de la qualité des parties : le prêt commercial est celui qui est fait en vue d'une opération commerciale, le fut-il entre non-commerçants.

Ce système est peu satisfaisant au point de vue ra-tionnel : c'est cependant celui qui nous paraît le meilleur parce qu'il suit de plus près le texte parlant de « matière civile et de matière commerciale. » Quoiqu'il en soit, la ju-risprudence est loin d'être fixée, et la doctrine est très incer-taine.

207. — L'article 1er de la loi de 1807, après avoir indiqué le taux maximum auquel on peut prêter, ajoute : le tout sans retenue. Voici en quoi consistait autrefois la retenue. Pour éviter de prélever deux fois sur le même fonds l'impôt des vingtièmes, en demandant à la fois au propriétaire d'un immeuble une partie du revenu, et au créancier qui avait une rente sur cet immeuble, une partie des arrérages, on avait décidé que les débiteurs de rentes paieraient l'impôt, en en retenant le montant sur les arré-rages à payer. En somme l'impôt frappait les créanciers, mais les débiteurs de rentes devaient en faire l'avance. Ce système résulte clairement de l'édit de mai 1749 : après avoir dit que le vingtième sera annuellement levé au profit du roi, sur tous les revenus et produits des sujets du royaume, il ajoute, article 9 : « mais attendu que les pro-priétaires ou usufruitiers des fonds et héritages, maisons et offices qui doivent les rentes à constitution, rentes via-gères, douaires, pensions ou intérêts, paieront le vingtième de la totalité du revenu des fonds sur lesquels les rentiers, pensionnaires, et autres créanciers, ont à exercer ou pourraient exercer leurs hypothèques, voulons que le vingtième dû par lesdits rentiers, pensionnaires et autres créanciers soit à la décharge desdits propriétaires ou usufruitiers des fonds, et qu'à cet effet ledit vingtième soit par eux retenu, lorsqu'ils feront le paiement des arrérages desdites rentes, pensions et intérêts ; en justifiant par eux de la quittance du paiement du vingtième du revenu de leur fonds. » Lorsqu'une déclaration du 7 juillet 1756 établit un nouveau vingtième, la retenue fut portée à deux vingtièmes. Pendant la révolution, la retenue de la contribution foncière fut substituée à celle des vingtièmes. Enfin la loi de 1807 décide que la non-retenue est de droit.

208. — La loi de 1807 s'applique au prêt d'argent. Quelques auteurs, parmi lesquels M. Duvergier, ont voulu l'étendre aussi au prêt de denrées. La loi de 1807, dit-il est bien une loi sur l'intérêt de l'argent. Mais les intitulés des lois ne sont pas l'œuvre du législateur, et n'ont pas la même valeur que les dispositions de la loi. De plus l'article 1905, le premier du chapitre, parle du prêt soit d'argent, soit de denrées : l'article 1907 parlant de l'intérêt, se réfère évidemment à l'intérêt en général dont parle l'article 1905. La loi de 1807 est le complément du Code, qui vise les deux cas. Rien d'ailleurs, dans la loi de 1807 ne prouve qu'elle n'ait trait qu'à l'argent ; si les orateurs qui ont pris part à la discussion, ont à plusieurs reprises parlé de l'intérêt de l'argent, c'est que le prêt d'argent est de

beaucoup le plus fréquent. Enfin il n'y a aucune raison de distinguer, la valeur de l'argent est aussi variable que celle des denrées.

Nous ne saurions admettre une doctrine contraire à la fois au texte et aux précédents historiques. Le droit romain avait déjà fait la distinction entre le prêt d'argent et le prêt de denrées. L'empereur Constantin permit un intérêt de 50 pour 100 dans ces prêts. Justinien fixa à 12 pour 100 l'intérêt des denrées, et à 6 pour 100 seulement celui de l'argent. Tous les anciens auteurs, favorables au prêt à intérêt, ont enseigné que les prêts de denrées ne devaient pas être soumis au même maximum que les prêts d'argent. Si les canonistes réprouvaient également l'intérêt des denrées et celui de l'argent, dans les constitutions de rentes, ils autorisaient les rentes en blé au denier 12, tandis que le taux des rentes en argent était le denier 20. Cette différence était parfaitement justifiée en raison des brusques variations de valeur des denrées : qu'à l'époque du remboursement la récolte soit très abondante, et en réalité le prêteur reçoit beaucoup moins qu'il n'a donné. Quoi qu'en dise M. Duvergier, la valeur de l'or et de l'argent est bien moins variable que celle des autres marchandises, c'est même une des principales qualités, qui les rendent propres au rôle de monnaie.

Cette manière de voir a-t-elle été abandonnée ? Rien ne le fait supposer. La loi des 3-12 octobre 1789 ne parle que du prêt d'argent, le Code dit seulement que des intérêts pourront être stipulés. La loi de 1805 montre, par son intitulé, qu'elle n'a trait qu'au prêt d'argent ; enfin, c'est sur l'argent seul qu'ont porté les débats dans la discussion de la loi. Rien ne révèle l'intention d'étendre au prêt de denrées la loi du maximum : on a eu la bonne inspiration de laisser libre le prêt de denrées, auquel la liberté est encore bien plus nécessaire qu'au prêt d'argent. C'est d'ailleurs le point de vue auquel le législateur s'est toujours placé : dans des prêts qui offrent des risques considérables, dans le prêt à la grosse aventure, il n'a pas appliqué la réglementation.

209. — Ainsi, l'intérêt de l'argent seul est limité. Cela nous amène à dire deux mots d'une sorte de prêts de denrées, qui est fréquemment usité à la Bourse, le déport. Nous avons vu qu'il y a report sur un titre, quand la spéculation à la hausse est très engagée sur ce titre. Il y a, au contraire, déport, quand les vendeurs se sont engagés à faire beaucoup de livraisons, et que, le jour de la liquidation arrivé, le titre est rare sur le marché : il se produit alors une grande demande de titres, on cherche à acheter comptant un titre qu'on revend fin courant, perdant la différence entre le prix du comptant et le prix du terme ; cette différence constitue le déport : en fait, cela revient à emprunter un titre pour un mois. Quelqu'élevé que soit le déport, il n'y a pas prêt usuraire, puisque ce n'est pas un prêt d'argent.

Le déport est l'arme défensive du spéculateur à la baisse, comme le report est celle du spéculateur à la hausse. Nous verrons que le report tombe sous le coup de la loi de

1807. En fait, les tribunaux ne déclarent presque jamais usuraire le taux des reports ; mais si, changeant leur jurisprudence, ils appliquaient la loi au report, on verrait ce résultat singulier : la loi laissant libre la spéculation à la baisse, et entravant la spéculation à la hausse, encourageant donc la première, prenant parti pour ceux qui attaquent le crédit de l'État !

210. — Arrivons à un point d'une grande importance pratique, et qui donne lieu à une vive controverse. Les tribunaux français doivent-ils appliquer la loi française aux prêts contractés à l'étranger ?

Mettons tout d'abord de côté deux cas, où le doute n'est guère possible. Deux Français se rendent en Algérie pour contracter à un taux plus élevé que ne le permet la loi française : la doctrine est unanime à déclarer que les tribunaux doivent, sans tenir compte d'une convention entachée de fraude, réduire l'intérêt au taux légal.

Il se peut aussi qu'un prêt soit fait à l'étranger, sans nulle intention de fraude, mais qu'il dût recevoir son exécution en France. Nous pensons que, dans ce cas, il ne faut pas prendre en considération le lieu où le contrat a été fait, mais celui où il doit recevoir son exécution. La loi ne veut pas de prêts en France au-dessus du taux légal : dès que l'obligation doit être exécutée en France, la loi s'applique.

La question est plus délicate, lorsqu'il s'agit d'un prêt loyalement contracté, et qui doit recevoir son exécution à l'étranger. Nous pensons, avec la majorité des auteurs, et une jurisprudence à peu près constante que la loi française n'est pas applicable à ce cas.

Les conventions passées à l'étranger sont régies par la règle : « *Locus regit actum* », règle de bon sens fondée sur l'interprétation de la volonté des parties, conséquence nécessaire du principe admis par toutes les législations, de la liberté des conventions. Tel est le principe, qui comporte des exceptions prévues par les lois des différents pays, à l'égard des conventions contraires à l'ordre public ou aux bonnes mœurs.

La convention qui nous occupe rentre-t-elle dans ces exceptions? On a soutenu qu'elle était contraire à l'ordre public. Sans doute, la prohibition est d'ordre public en France. Mais l'expression « ordre public » a une signification beaucoup plus restreinte en droit international qu'en droit français. Il y a des prohibitions, comme celle de bigamie, qui sont d'ordre public au point de vue international comme au point de vue de notre législation ; ici, en effet, la morale serait blessée, la prohibition est absolue. Mais la défense de prêter au-delà du taux légal, n'est pas, comme le dit un arrêt du tribunal de Bastia (1), « un de ces principes de morale absolue devant lesquels toutes les nations s'inclinent avec respect. » Le législateur a estimé que 7 ou 8 pour 100 était supérieur au taux qu'on pouvait légitimement retirer en France de ses capi-

_____

1. 19 mars 1866.

taux. Mais un taux usuraire en France peut être très modéré à l'étranger. Faut-il de ce que le législateur a cru que tous les prêts pouvaient être faits en France au même taux, conclure qu'il a commis une erreur bien plus grossière, une erreur qui saute aux yeux, qu'il a prétendu imposer un même taux à la France et aux pays où le capital est rare, où la sécurité n'existant pas, les prêts sont essentiellement aléatoires ?

Tout prouve qu'il n'a pas commis cette erreur : il a établi un taux différent en matière civile et en matière commerciale, reconnaissant que les risques plus grands dans ce dernier cas, doivent être compensés par un intérêt plus fort. Plus tard, l'ordonnance de 1835 a reconnu que pour les pays lointains le seul système possible est celui de la liberté.

Ainsi la loi reconnaît que le taux est variable suivant la nature du prêt, suivant les lieux où le prêt est contracté, n'est-il pas contradictoire d'admettre qu'elle a voulu appliquer le même taux à tous les pays du monde ?

211. — La loi de 1807 s'applique à tout prêt d'argent : cependant il y a un prêt que les tribunaux, sous l'empire d'une nécessité respectable, soustraient à l'application de la loi. Toutes les fois qu'un prêt offre des risques extraordinaires, les tribunaux s'arrogent le droit d'apprécier si le taux convenu est ou non excessif. Cette jurisprudence nous paraît injustifiable. On peut regretter que la loi ait fixé un maximum qui ne répond pas à tous les besoins,

mais ce n'est pas une raison pour substituer l'arbitraire des tribunaux à l'arbitraire de la loi.

Mais si l'opération ne consiste pas dans un prêt, il n'y a pas à appliquer la loi : telle est l'espèce d'un arrêt de Cassation du 21 mai 1834 : « l'escompte et les primes au moyen desquels la Caisse hypothécaire, d'après ses statuts approuvés par le gouvernement, exécute ses opérations, impriment au traité qui intervient entre les parties prenantes et elle, le caractère d'un contrat aléatoire. » Aussi cette caisse ne jouissait de ces immunités que dans les limites des opérations statutaires : c'est ce que décide un arrêt de Cassation. Cette solution d'ailleurs, dans l'espèce spéciale de la caisse hypothécaire, nous paraît juridique, car d'après le système des primes organisées par la caisse, l'emprunteur courait la chance de payer moins que le taux légal, il y avait donc contrat aléatoire, plutôt que prêt à intérêt : l'article 1976, autorisant la constitution de rente viagère à un taux quelconque, fournissait un argument sérieux à l'appui de ce système.

L'espèce suivante peut faire naître quelques doutes. Les journaux ou les propriétaires de journaux sont tenus de déposer un cautionnement. Les capitalistes qui fournissent la somme nécessaire, stipulent souvent, outre l'intérêt qui leur est servi par le Trésor, une prime annuelle, en sorte qu'ils touchent plus de 6 pour 100. Il a été décidé que cette convention n'est pas entachée d'usure, parce qu'il s'agit d'argent donné en gage, et qu'aucune disposition légale ne limite le prix, qu'on peut exiger en échange du service rendu. Il nous semble que le service rendu consiste en un prêt, et par conséquent est soumis à la loi de 1807.

Un arrêt de la cour d'Aix (1) déclare valable la cession d'une créance de loyers futurs pour une somme inférieure à la somme cédée, parce que, malgré la garantie de la solvabilité des locataires, ceux-ci exercent des professions qui peuvent exposer le créancier à des risques. La loi n'a pas permis de faire valoir le taux selon les risques : une telle convention est donc illégale.

1. Aix, 11 août 1871, Dalloz, 1873.

CHAPITRE IX

SECTION I. — *L'usure en matière civile.*

212. — L'ancien droit faisait consister l'usure dans le fait d'exiger quelque chose au-delà du sort principal : *usura est quidquid ultra sortem mutuatam exigitur.* Notre droit a reculé la limite où commence l'usure : elle n'existe que là où le taux légal est dépassé.

213. — Autrefois comme aujourd'hui, les usuriers multipliaient les ruses, pour éluder la prohibition, et les jurisconsultes s'efforçaient de l'atteindre partout où elle se dissimulait. Les expédients des usuriers, que Molière met en scène, sont encore de mise aujourd'hui : tout ce qui pouvait être tenté pour anéantir l'usure a été tenté, mais toujours sans succès.

Il y a peu de contrats sous lesquels ne puisse se dissimuler l'usure : nous passerons en revue les principaux, nous cherchons à quels signes les tribunaux peuvent y reconnaître l'usure.

214. — Il faut tout d'abord poser en principe que les tribunaux doivent aller au fond des choses, sans s'arrêter au nom ou à la forme que lui donnent les parties. S'il

suffisait de changer le nom de l'acte, ou de le dissimuler sous la forme d'un contrat permis, il n'y aurait jamais lieu à répression.

215. — On a cherché à profiter de la différence entre l'intérêt civil et l'intérêt commercial pour obtenir celui-ci en matière civile, ainsi on a dissimulé des prêts sous forme de lettres de change. « Un autre reproche à faire à la loi de 1807, dit M. Bédarrides (1), nous est inspiré par l'extension qui lui a été donnée, à savoir : d'autoriser la perception de l'intérêt commercial entre personnes non commerçantes et pour une opération qui au fond n'a rien de commercial. Il suffit en effet qu'un propriétaire, qu'un cultivateur souscrive une lettre de change, pour qu'il doive payer le 6 pour 100. » Nous avons déjà réfuté le système qui s'attache à la forme d'un acte pour distinguer s'il est ou non commercial.

On peut aussi dissimuler un prêt civil sous la forme de l'escompte ou du contrat de change. Mais les tribunaux ne sont pas désarmés en présence de ces fraudes. Si l'escompte est fait à un taux sensiblement différent du cours du marché au moment de la conclusion du contrat, s'il résulte des circonstances qu'il y a eu simulation, le tribunal devra frapper la convention comme usuraire. Si la valeur escomptée émane directement de celui qui la présente à l'escompte, on devra y voir une présomption d'usure. En ce qui concerne le contrat de change, si la lettre de

1. *Traité de dol et de la fraude*, n° 1122.

change est tirée par celui qui la négocie, si le tiré est réellement débiteur du tireur au moment de la réalisation du contrat, ces circonstances établissent la réalité du contrat de change : mais il est nécessaire qu'il y ait remise de place en place. S'il y a supposition de place, il manque au contrat de change un élément essentiel : on peut affirmer que l'opération constitue un prêt.

216. — Le plus souvent, les usuriers ne se contentent pas de donner à leurs opérations la forme commerciale pour pouvoir demander 6 pour 100, il y a un procédé plus simple et qui leur permet d'exiger l'intérêt qu'ils veulent, c'est de faire souscrire un billet dont le montant est supérieur à la somme prêtée. Ainsi pour 1000 francs que remet l'usurier il fait faire un billet de 1500 francs payable dans deux ans, avec intérêt à 5 pour 100 : c'est la fraude la plus dangereuse et la plus difficile à combattre. Les usuriers expérimentés l'emploient fréquemment : et bien qu'ils soient notoirement connus pour usuriers, le plus souvent la preuve contre eux est impossible à faire en justice.

217. — Cette preuve serait absolument impossible si, comme le soutiennent certains auteurs la preuve testimoniale était exclue. La jurisprudence repousse absolument et avec raison cette doctrine. Le principal argument sur lequel elle s'appuie, est le texte de l'article 1341 qui prohibe la preuve testimoniale contre et outre le contenu aux actes. On ajoute que si l'acte est frauduleux, la fraude étant l'œuvre des deux parties, l'une d'elles ne peut être

admise à la prouver : *nemo auditur turpitudinem suam allegans*. Nous répondons que l'usure constituant une fraude contre une loi d'ordre public, emporte dérogation aux principes invoqués. Si le prêt est fait en forme authentique, peut-on tirer argument de la force de l'acte authentique dont la teneur ne peut être attaquée que par l'inscription de faux ? Une distinction est nécessaire : si pour faire la preuve de l'usure, il faut nier des faits que le notaire a reconnus vrais dans l'acte, on doit employer la voie de l'inscription de faux. Mais si la preuve peut être faite sans démentir aucune des allégations contenues dans l'acte, la preuve testimoniale est admissible : par exemple, la numération constatée dans l'acte n'est pas niée, mais le demandeur prétend n'avoir rien emporté des choses numérées (1).

218. — Arrivons maintenant aux principaux contrats qui, réguliers par eux-mêmes, dissimulent souvent des fraudes usuraires.

Prêts d'argent dont les intérêts sont payables en denrées. — L'origine en remonte très haut. La découverte des mines d'or de l'Amérique amena l'habitude de stipuler des intérêts payables en blé : beaucoup de capitalistes, jugeant que l'abondance des métaux précieux aménerait la hausse du prix du blé et des autres denrées, convertirent leurs rentes en rentes à blé.

Plus tard cette pratique servit à se procurer un intérêt

____

1. Chardon. Du dol et de la fraude, t. III, p. 259 et suiv.

illicite. Pour cela, on stipulait une quantité déterminée de denrées à livrer en guise d'intérêt. Puis le *quantum* de la rente était stipulé à un prix tel que la valeur des denrées ne dut jamais descendre au-dessous, et que la cherté de la denrée à l'époque de l'échéance put donner lieu à de gros bénéfices. Dumoulin n'admettait pas la validité de cette stipulation, et la regardait comme « *captiosa et puriculosior debitoribus quam reditus pecuniæ* (1). »

Les effets de cette stipulation furent si désastreux qu'une ordonnance de Charles IX convertit à prix d'argent, et au taux légal du denier douze, toutes les rentes en blé. Cet édit a été abrogé par le décret du 5 thermidor, an IV : M. Chardon a soutenu que la loi de 1807, abrogeant la loi de l'an IV, a par le fait remis en vigueur l'ordonnance de Charles IX. Il ne nous semble pas que la loi de 1807 prohibe en principe la stipulation d'intérêts en denrées, cette loi n'a pas remis en vigueur toute l'ancienne législation de l'usure : elle a organisé au contraire un nouveau système ; il n'est donc pas possible de s'appuyer sur les anciennes ordonnances. Mais si cette stipulation dissimulait une fraude usuraire, il y aurait lieu à répétition : cette fraude est assez facile à découvrir, par les indications des mercuriales qui fixent le prix des denrées. La loi de 1807 est également étrangère au prêt de denrées, mais si ce contrat n'était pas sérieux et avait seulement pour objet de dissimuler l'usure, il tomberait sous le coup de la loi.

1. *Cont. usur. quæst.* 21, n° 220.

219. — *Donation.* — Pothier (1) la regardait déjà comme suspecte, et l'annulait lorsqu'elle était faite à quelqu'un, à qui le donateur se proposait d'emprunter. Aujourd'hui, la jurisprudence l'annule, quand une donation qualifiée rémunératoire suit un emprunt, quand il résulte des circonstances qu'elle a été une condition du prêt, et un moyen de percevoir plus que l'intérêt légal. Mais il n'en serait pas ainsi, si la donation était distincte et indépendante du prêt, comme une donation d'objets en nature, non destinés à être convertis en argent. En général, si elle est postérieure au remboursement, on devra la considérer comme valable : car le débiteur n'a évidemment pas agi par crainte du créancier, tandis que si elle est contemporaine du prêt, il y a une forte présomption d'usure.

Ainsi, dit Pothier (2), c'est un cadeau, comme le fait chaque année le débiteur pour la fête du créancier : il n'y a pas usure.

Au contraire, s'il s'agit de donation postérieure au remboursement qui, dans la pensée des parties est un supplément d'intérêts ; bien qu'il n'y ait pas eu stipulation formelle, il y a usure.

220. — *Transaction.* — On peut transiger sur un délit : la transaction est donc valable sur une contestation relative à l'usure, pourvu qu'elle-même ne soit pas entachée d'usure, qu'on ne consacre pas pour l'avenir une

1. Usure. n° 59.
2. N° 100 et suiv.

convention entachée de cette fraude : par exemple, une donation de 8,000 francs dissimulant l'usure est convertie en une obligation moindre, payable quelques mois après.

La transaction est valable, si elle a pour objet de terminer un différend, en ce qui concerne les usures passées et consommées, pourvu qu'elle ne contienne aucune stipulation usuraire pour l'avenir.

221. — *Contrat de rente viagère.* — Son caractère aléatoire la met en dehors de la réglementation (art. 1976) : mais les tribunaux ont le droit de rechercher si ce contrat ne dissimule pas une convention usuraire ; ainsi, s'il est stipulé qu'en cas de retard dans le paiement, le capital sera exigible sur le champ, et les intérêts échus acquis au crédit-rentier à titre d'indemnité.

Nous avons établi que la rente constituée était pour le prêt ordinaire soumise à la loi de 1807 ; nous n'admettons donc pas que les parties puissent, en donnant à un prêt l'apparence d'une rente constituée, exiger des intérêts supérieurs au taux légal.

222. — *Mohatra.* — Ce contrat, imaginé par les jésuites, au dire de Pascal, n'est autre chose qu'un prêt, cela ne fait doute pour personne : les tribunaux devraient, si une telle convention était faite, leur appliquer la loi.

223. — *Vente à réméré.* — C'est un des moyens les plus fréquemment employés pour éluder la loi. On pourrait même se demander, si la vente pure et simple ne peut pas, par l'insertion de certaines clauses, devenir un contrat usuraire. Ainsi j'achète une maison 100,000 francs, mais

n'ayant pas de fonds disponibles au moment de la conclusion de la vente, je stipule que je ne m'acquitterai que
dans deux ans, et qu'en attendant je paierai chaque année
10,000 francs. On peut soutenir que clause est une stipulation d'intérêts de 10 pour 100. Nous ne le pensons pas :
il n'y a pas dans l'espèce simulation de prêt, le fond de
l'opération est une vente. Rien n'eût empêché les parties
de conclure la vente au prix de 10,000 francs ou plus, et
de stipuler les intérêts au taux légal : ils ont fait cette convention sous une autre forme, mais il s'agit toujours d'une
vente réelle, qui ne tombe pas sous le coup de la loi de
1807. Ajoutons que l'acheteur qui consent à payer 10,000
francs pourrait ne pas acheter, rien ne l'y force ; il n'a
donc pas besoin d'une protection spéciale comme l'emprunteur.

Si la vente ordinaire ne tombe pas sous le coup de la
prohibition, il n'en est pas de même de la vente à réméré.
Celle-ci est tellement suspecte, que certaines législations
la prohibent absolument. Déjà, l'ancien droit avait reconnu
la fraude que peut cacher la vente à réméré. Ainsi, j'ai
une maison d'une valeur de 100,000 francs. Je la vends
75,000, avec faculté pendant cinq ans de la racheter
100,000. Si j'effectue le rachat, mon acheteur gagnera
outre les intérêts, 25,000 francs : si je ne l'effectue pas,
j'aurai vendu mon immeuble de 25,000 francs au-dessus
de sa valeur : dans les deux cas, il y a une perception
de 25,000 francs en plus des intérêts. Les tribunaux dé-
jouent cette fraude, en comparant la valeur réelle de la

chose vendue au prix de vente : si ce prix en effet est à peu près exact, le vendeur n'a pas intérêt à exercer le réméré.

Mais cette fraude se pratique le plus souvent sous la forme du contrat pignoratif : au contrat de vente on joint une location au vendeur, de l'immeuble qu'il vient de vendre. Les principaux caractères auxquels on reconnaît l'usure sont le pacte de rachat, la vilité du prix de la re-location en faveur du vendeur. Les tribunaux ont le pou-voir d'apprécier par la comparaison des chiffres de la vente, du rachat, de la location si l'opération est sérieuse et doit être maintenue. C'est ainsi que la cour de Montpel-lier (1), dans un cas de vente avec faculté de rachat moyennant 80,000 francs, le vendeur louant aussitôt la ferme vendue 5,000 francs, reconnut par la comparaison de ces chiffres, qu'il n'y avait là qu'une impignoration : jamais, en effet on ne louera 5,000 francs une ferme qu'on vient de vendre 80,000 francs.

Les ventes de marchandises sont un des moyens les plus anciens de faire l'usure, un de ceux qui sont le plus restés en usage. On va trouver un usurier pour lui de-mander 10,000 francs : celui-ci prétend ne pas avoir de fonds, mais des marchandises dont l'écoulement est facile : il indique même quelqu'un qui pourrait les acheter, et accorde un délai pour payer. Il passe ainsi pour 10,000 francs de marchandises que le malheureux emprunteur revend

1. 25 août 1829.

5000 francs au compère de l'usurier. Ou bien l'usurier ne donne qu'une partie en argent, le reste représenté par des marchandises, évaluées bien au-dessous de leur valeur (1).

La vente d'une créance est valable, quelqu'inférieur que soit le prix de vente à sa valeur nominale ; mais si le vendeur garantit le paiement, l'opération change de nature et devient un prêt, qui doit être déclaré usuraire, si la différence entre le prix payé et la valeur nominale dépasse les intérêts légaux.

L'échange, imposé comme condition d'un prêt, peut, comme la vente, être combiné de façon à faire avoir au prêteur, sous le nom de soulte d'échange, des intérêts supérieurs à 5 pour 100. Une telle convention est certainement usuraire, quand le débiteur n'a acquis par voie d'échange qu'avec l'intention de se défaire de la chose. Mais si l'échange (et on pourrait en dire autant de la vente) était sérieux, on devrait voir dans l'opération deux contrats distincts, l'un conforme à la loi de 1807, l'autre étranger à cette loi : toute l'opération devrait donc être maintenue.

224. — *Antichrèse.* — C'est la convention par laquelle l'emprunteur donne en gage un immeuble au prêteur, qui en perçoit les fruits, et en impute la valeur, d'abord sur les intérêts, puis sur le capital de la créance ; mais, aux termes de l'article 2089, les parties peuvent stipuler, pour éviter des redditions de compte, que les fruits se compenseront

4. 7 février 1835. Paris.

avec les intérêts, entièrement ou jusqu'à concurrence d'une certaine somme. Mais l'article 2089, *in fine*, ajoute que, « cette convention s'exécute comme toute autre qui n'est pas prohibée par les lois ». Or, la loi de 1807 prohibant toute perception d'intérêts supérieurs à 5 pour 100, il appartient aux tribunaux de rechercher si cette convention ne dissimule pas l'usure. Si la quotité des fruits à percevoir n'est pas fixe, mais est subordonnée à des circonstances qu'on ne peut prévoir, cela constitue un aléa qui peut être compensé par un intérêt un peu supérieur à 5 pour 100. Dans le cas contraire, un tel contrat devrait être déclaré usuraire.

225. — *Contrat de mariage.* — Un arrêt de la cour de Riom (1), semble soustraire le contrat de mariage à la limitation de la loi de 1807. A s'en tenir strictement aux termes de l'arrêt, cette interprétation serait possible ; mais il faut tenir compte de ce fait que le contrat de mariage dont il s'agissait, remontait à 1806, époque où la liberté de l'intérêt existait pour les contrats de mariage, comme pour tout autre contrat. Cet arrêt n'a fait qu'appliquer le principe de la non-rétroactivité, spécialement édicté par la loi de 1807.

Quoi qu'il en soit, il ne nous paraît pas douteux, que malgré la faveur accordée au contrat de mariage, il soit soumis à la règle. Aucune exception n'est faite en sa faveur et l'article 1387 le soumet à toutes les prohibitions

____

1. D. P., 32, 2, 50.

d'ordre public. On peut donc affirmer que tout contrat de mariage postérieur à la loi de 1807, et contenant une stipulation d'intérêts plus élevés que le taux légal, serait entaché d'usure.

225. — *Société*. — Une clause qu'on rencontre fréquemment dans le contrat de société consiste à faire prélever par un des associés sur les bénéfices, l'intérêt de sa mise, et à partager le surplus des bénéfices dans les proportions convenues. C'est une clause dangereuse pour les bailleurs de fonds qui reçoivent souvent en guise d'intérêts les capitaux mêmes qu'ils ont fourni ; mais il n'y a là rien d'illégal. En principe, ce cumul est autorisé en raison des risques auxquels sont exposés les capitaux, de l'incertitude des bénéfices. Mais si l'un des associés se faisait assurer par ses coassociés le remboursement de sa mise, et les bénéfices qu'il espère de l'association, l'opération dégénérerait en un véritable prêt, soumis comme tel à la loi de 1807.

Si l'un des associés cédait ses droits à l'autre moyennant une somme supérieure à sa mise, avec stipulation de l'intérêt légal, cession et société devraient être annulées comme contenant un prêt usuraire.

226. — *Clause pénale*. — Lorsqu'un débiteur a souscrit une clause pénale pour le cas où il ne rembourserait pas au jour fixé, une telle clause est-elle licite si elle doit faire payer au débiteur plus que l'intérêt légal ? Delvincourt (1) semble repousser toute convention de ce genre.

1. P. 533, note.

Cette clause ouvre, à coup sûr, la voie à toutes sotes de fraudes ; mais il nous semble qu'elle n'a en elle-même rien d'illégal, parce que le débiteur connaissait l'événement garanti par la clause pénale, et eût pu éviter de la payer en exécutant la convention. Cela suppose, bien entendu, que le contrat est sérieux : par exemple, le créancier avait besoin d'argent au jour dit pour exercer un réméré ; la stipulation d'une clause pénale est parfaitement légitime. C'est aux tribunaux à apprécier, si la somme stipulée a réellement eu pour objet un dommage possible, ou si on a seulement voulu dépasser le taux légal.

227. — *Courtage, commission.* — La perception d'une commission en matière civile est toujours considérée comme usuraire, même quand le prêteur n'est qu'un intermédiaire prêtant les fonds d'autrui (1). Les considérants d'un arrêt de la cour d'Agen sont décisifs, bien que dans l'espèce qu'elle a jugée, le prévenu ne justifiât d'aucune démarche à l'effet de se procurer les fonds : « attendu qu'en matière civile, l'intérêt de 5 pour 100 ne peut, sans devenir usuraire, être augmenté d'aucune somme perçue à titre de commission, soit que le prêteur ait opéré avec ses propres fonds, soit que, simple intermédiaire, il ait opéré avec des fonds appartenant à un tiers. » Cette jurisprudence nous paraît inconciliable avec celle qui accorde dans les mêmes circonstances un courtage aux banquiers. Toutes les fois qu'il y a réellement commission, un droit

1. Agen, 12 mai 1853 et 19 juillet 1854.

supplémentaire est légitime aussi bien pour les non-commerçants que pour les banquiers. Nous examinerons dans le chapitre suivant quels faits rendent légitime la perception d'une commission.

228. — *Intérêts retenus en dedans ou réunis au capital.* — Soit que les intérêts aient été retenus d'avance par le prêteur, soit qu'ils aient été réunis à la somme portée dans l'acte, comme on le fait souvent pour mieux dissimuler l'usure, toutes les fois que le taux légal est dépassé, l'opération doit être traitée comme usuraire.

SECTION II. — *L'usure en matière commerciale.*

229. — L'usure se rencontre dans un grand nombre de transactions commerciales, et y est souvent tolérée par la jurisprudence. Nous passerons en revue les principaux contrats commerciaux, en cherchant à déterminer dans chacun d'eux, les caractères qui les rendent usuraires.

230. — *De l'escompte.* — L'escompte consiste à fournir comptant le montant d'une créance à terme, en retenant une somme, calculée à raison du temps qui doit s'écouler jusqu'à l'échéance (1).

M. Duvergier distingue deux sortes d'escompte : « je suis porteur d'une lettre de change, souscrite à mon ordre, et qui ne doit échoir que dans deux mois. Je la passe à

____

1. Duvergier. *Du prêt,* n° 290.

un banquier, qui m'en donne le montant, en retenant un pour cent. Il m'escompte ma créance sur le tireur. » « J'ai vendu des marchandises payables à terme. L'acheteur me paie comptant, en retenant deux pour cent par mois. Il m'escompte la créance que j'ai sur lui. »

M. Duvergier n'admet pas que la loi de 1807 soit applicable à l'escompte de la seconde espèce. Il fait remarquer que les dispositions prohibitives de l'usure sont toujours édictées pour protéger les débiteurs, que l'impossibilité de s'acquitter de suite met à la merci des créanciers : celui qui peut vendre des marchandises est dans une meilleure position que celui qui cherche à emprunter. D'autre part, la solvabilité du vendeur est sans influence sur les conditions de la vente : au contraire celle de l'emprunteur influe beaucoup sur les conditions du prêt. Enfin la stipulation d'escompte doit être regardée comme une condition de la vente, et par conséquent comme étrangère à la loi de 1807. Cette loi est restrictive de la liberté des conventions : on ne peut donc l'étendre à des cas qui ne sont pas formellement prévus, qu'en cas d'absolue identité.

L'escompte, dans l'espèce, représente toujours le loyer d'un capital, mais les circonstances dans lesquelles il est perçu s'éloignent trop du prêt à intérêt, pour qu'on puisse le soumettre au taux légal. Ici nous trouvons un débiteur, qui loin d'avoir besoin d'argent, se libère par anticipation. Dans le prêt, une dette est créée : ici une dette est éteinte nulle règle légale ne limite la liberté des parties en matière d'extinction d'obligation.

L'escompte de la première espèce, qui est l'escompte commercial usuel, doit-il être également considéré comme étranger à la loi de 1807 ?

La grande majorité des auteurs soutiennent l'affirmative: nous pensons cependant que dans ce cas l'escompte et l'intérêt ne sont qu'une même chose sous des noms différents. Sans doute la liberté de l'escompte est nécessaire au commerce, mais elle nous paraît injustifiable au point de vue juridique.

Comparons l'intérêt et l'escompte. Un négociant, qui doit faire de suite un paiement a, entre les mains, une lettre de change payable dans deux mois. Cette lettre peut jouer le rôle d'instrument de crédit, permettant de se procurer immédiatement la somme nécessaire: le négociant trouve facilement de l'argent en faisant escompter par un banquier sa lettre, qui constituera une garantie pour le prêteur. Si le banquier avait, au lieu d'escompter la lettre, prêté simplement la somme nécessaire, l'opération serait à coup sûr soumise à la loi. Parce qu'en fournissant l'argent, il est devenu propriétaire de la lettre de change, l'opération devient-elle tout à fait distincte du prêt et étrangère par suite à la loi de 1807 ? Ces deux opérations diffèrent dans la forme, dans le nom qu'on leur donne, mais au fond y a-t-il entre elles une différence essentielle ? Dans le premier cas, le négociant est obligé au remboursement, et seul obligé : dans le second au contraire, c'est le tiré qui est débiteur principal, le négociant débiteur accessoire. Cela suffit-il à changer la nature de l'opération ? Dans l'escompte, le négociant n'est pas moins débiteur : seulement au lieu de s'adresser à lui pour le paiement de la lettre, le banquier s'adresse directement au tiré, à celui qui doit définitivement supporter la dette. Il n'y a qu'un paiement au lieu de deux : l'escompte est une sorte de prêt réalisé par délégation.

D'ailleurs, l'escompte comme l'intérêt est le loyer de l'argent : les mêmes circonstances le déterminent, le temps à courir, la solidité que présente la signature du souscripteur, l'abondance ou la rareté de l'argent, c'est ce loyer que le législateur a voulu réglementer dans le prêt.

Mais, dit M. Troplong, le banquier n'a pas voulu prêter, il a voulu acheter des valeurs négociables pour les revendre, ce qui est bien différent.

L'escompte est une vente de créance, si l'on veut, mais une vente de créance dans laquelle le vendeur garantit le paiement : l'opération se trouve tellement modifiée par cette clause, que de la vente elle ne garde plus guère que le nom, et se rapproche bien plus du prêt, sous réserve de la particularité que nous avons indiquée plus haut. Le prêt à intérêt lui-même est-il autre chose que la vente d'une créance que le vendeur s'oblige personnellement à payer au terme convenu ? La vérité est que, ce qu'a voulu faire le banquier, c'est placer ses capitaux, en retirer un intérêt : dans la pensée des parties et dans le résultat pratique, l'opération, quelque nom qu'on lui donne, est au fond un prêt à intérêt.

Le banquier achète un titre négociable : qu'importe ?

Si au bout de dix jours il fait réescompter la lettre de change, il fait continuer son opération par un tiers : au lieu d'avoir prêté pendant deux mois, il n'aura prêté que pendant dix jours : cela ne change pas la nature du contrat.

La loi a limité le profit qu'on peut retirer du louage des capitaux, mais elle resterait lettre morte, si elle cessait de s'appliquer à toute opération qui ne porte pas le nom de prêt. On eût pu dire aussi que, le mohatra, se faisant au moyen de deux ventes, échappait à la loi de 1807. Mais les tribunaux jugent avec raison, que la loi doit être appliquée à toute opération qui, au fond, constitue un prêt, quel que soit le nom donné par les parties au contrat, n'y eût-il même aucune simulation : on applique la loi à la rente constituée, il y a autant de raison pour l'appliquer à l'escompte.

Nous avons assimilé l'escompte et l'intérêt : mais il faut aller plus loin et dire que, si l'un des deux devait être réglementé, ce serait plutôt l'escompte. Moins les risques sont grands, et moins la liberté est nécessaire. Or, par le fait de l'escompte, le banquier n'a plus un seul débiteur, mais deux, trois... autant qu'il y a d'endosseurs : et on voudrait que là où le prêt est plus garanti, il fût permis de percevoir un profit plus élevé ! L'objection n'embarrasse pas M. Troplong : « Les garanties peuvent échapper, dit-il, et l'on voit tous les jours les meilleures signatures devenir mauvaises. » Rien de plus vrai, et c'est pour cela que deux signatures diminuent les risques de moitié et doivent aussi diminuer l'intérêt exigé.

M. Troplong essaie de justifier sa doctrine en faisant remarquer que les banquiers sont forcés d'avoir des capitaux toujours disponibles, une installation coûteuse, de nombreux employés ; que peut-être à l'époque de l'échéance, le banquier ne trouvera plus pour ses fonds un emploi avantageux. Le dernier argument s'applique aussi bien aux particuliers qu'aux banquiers : la loi en fixant à 6 pour 100, le taux, a estimé que l'aléa résultant de tout prêt se trouvait ainsi suffisamment compensé. Si les banquiers craignent de ne pas trouver à l'échéance de placement aussi avantageux qu'au moment du prêt, ils peuvent, comme les particuliers, attendre le moment favorable pour prêter : il leur suffit pour restreindre leurs opérations d'abaisser l'intérêt des dépôts. Quant aux dépenses considérables des banquiers, au personnel coûteux qu'ils entretiennent, à leur installation somptueuse, qui n'est le plus souvent qu'un moyen de jeter de la poudre aux yeux du public, c'est à eux de calculer ce que tout cela leur coûte. Et il ne faut pas trop les plaindre, sous prétexte qu'ils sont obligés à des frais que n'a pas le public, car ils ont de larges compensations : ils peuvent se procurer de l'argent par des moyens qui ne sont à la portée que d'eux seuls. Le particulier prête ses propres fonds : le banquier prête l'argent des autres. En même temps qu'il fait l'escompte, il reçoit en dépôt des sommes considérables dont il paie un intérêt minime, 1/2 ou 1 pour 100. Il n'est guère forcé d'en garder qu'un 1/3 ou 1/4 pour faire face aux remboursements : en plaçant le surplus à 5 ou 6 pour 100, il retrouve facilement ces frais et peut encore faire de gros bénéfices.

Ce sont là d'ailleurs des considérations qu'on pourrait discuter plutôt dans une commission de législateurs que devant un tribunal. Il y a une loi qui fixe à 6 pour 100 le taux de l'intérêt, et qui ne fait d'exception ni pour les banquiers, ni pour d'autres ; or l'intérêt et l'escompte sont une même chose sous deux noms différents.

Cette identité de l'intérêt et de l'escompte était contestée dans l'ancien droit, parce qu'il fallait à tout prix faire échapper l'escompte à l'application des lois sur l'usure. Et pourtant Pothier, s'occupant dans son traité de l'usure, de l'escompte entre marchands n'avait pu méconnaître l'analogie des deux contrats : « l'acheteur fait diminution au vendeur d'une partie de la somme pour l'escompte, c'est-à-dire pour l'intérêt que la somme aurait produit depuis le paiement que fait l'acheteur, jusqu'au jour de l'échéance du billet. » Et Jousse, sur l'article 1er du titre 6 de l'ordonnance de commerce de 1673, est plus explicite encore : « l'escompte est une espèce d'intérêt, c'est une diminution du prix, à cause de l'anticipation du paiement, fait avant l'échéance du billet ou de la lettre... Il est bon d'observer que pour que l'escompte soit légitime, il faut que l'escompte soit perçu sur le pied où est fixé l'intérêt dans le lieu où se fait le marché. » Aujourd'hui qu'on ne se heurte plus à des règles canoniques, de telles subtilités ne sont plus de saison : il n'est plus besoin de chercher à tourner les mauvaises lois, quand rien n'empêche de les abroger.

Enfin la question paraît tranchée par la loi du 9 juin 1857 qui autorise la Banque de France à élever le taux de son escompte au-dessus de 6 pour 100 : cela suppose bien chez le législateur l'idée que l'escompte ne pouvait, d'après la loi de 1807, dépasser ce taux.

231. — L'escompteur trouve moyen de prélever un intérêt plus-élevé que le taux qu'il réclame, en prenant ce qu'on appelle l'escompte en dehors, c'est-à-dire qu'au lieu de le calculer sur la somme qu'il remet, il le calcule sur le montant du billet.

Ainsi, escomptant une lettre de 1000 francs à trois mois à 6 pour 100, il ne remettra que 940 francs. Or, l'intérêt de 940 francs est 56 fr. 40 et non 60 francs.

232. — Enfin la jurisprudence exige que l'opération soit sérieuse et ne serve pas seulement à dissimuler un prêt usuraire. C'est ainsi que la Cour de cassation a décidé que le souscripteur d'un billet, qui fait escompter sa propre signature, fait en réalité un emprunt. C'est aussi l'opinion que soutient M. Troplong : il est trop manifeste en effet qu'il n'y a là qu'un prêt déguisé.

233. — *Du change.* — Le change, dit Pothier, est un contrat par lequel je vous donne ou je m'oblige à vous donner une certaine somme d'argent que vous vous obligez à me faire compter dans un autre lieu... » Le droit qui est perçu à l'occasion de ce contrat semble au premier abord n'être autre chose qu'un intérêt, des auteurs consi-

dérables, M. Duvergier notamment, ont soutenu que le droit de change était soumis au maximum de la loi de 1807. Il nous semble qu'une analyse exacte de ce contrat ne laisse aucun doute, que ce contrat diffère du prêt à intérêt, et par sa nature et par son objet. Voici les circonstances qui né·cessitent le contrat de change. Deux places de commerce, Paris et Londres faisant entre elle des opérations commerciales, les négociants de Paris ont des paiements à faire à Londres, ceux de Londres en ont à faire à Paris. Si les deux places sont également créancières et débitrices l'une de l'autre, on dit que le change est au pair, c'est-à-dire que les deux places peuvent s'acquitter sans envoyer de numéraire, par compensation. Mais si la place de Paris doit beaucoup à Londres, les négociants de Paris doivent envoyer à leurs créanciers le montant de leur dette : le moyen le plus commode, c'est de se procurer une lettre de change payable à Londres et de l'envoyer à son créancier.

Mais précisément parce que la place de Paris est débitrice, la demande des lettres de change est plus grande que l'offre, et on ne peut s'en procurer qu'en payant un droit de change, droit qui peut s'élever beaucoup si Paris se trouve débiteur de grosses sommes. Le droit de change peut-il être regardé comme un intérêt ? Ou pourrait-on trouver l'équivalent d'un prêt, les éléments de l'intérêt ? La vérité est qu'on ne peut voir dans l'opération qu'un achat d'une certaine marchandise-monnaie, nécessaire à un négociant pour faire un paiement, marchandise soumise à la loi de l'offre et de la demande. Le prix de change n'est pas le loyer d'un capital, mais la différence du cours du change entre deux places de commerce. Ainsi le change est en dehors de la prohibition. Mais cela ne veut pas dire que les tribunaux ne doivent pas rechercher dans les contrats de change, si la loi de 1807 n'est pas violée. Cette loi malheureuse oblige à suspecter tous les contrats, à gêner toutes les transactions. Il va sans dire que si le paiement doit avoir lieu dans la ville où a lieu l'achat, s'il n'y a pas « remise de place en place » la lettre de change est nulle. Mais même s'il y a remise de place en place, comme un droit d'escompte est perçu la plupart du temps, en même temps qu'un droit de change, on pourrait considérer un droit de change trop élevé comme une augmentation indirecte de l'escompte. Si un contrat de prêt était joint au contrat de change, les tribunaux rechercheraient si le change n'est pas trop élevé et ne doit pas être considéré comme une augmentation indirecte de l'intérêt.

234. — *Du droit de commission.* — Les tribunaux ont rendu de nombreux arrêts sur cette question : mais la jurisprudence est très confuse, souvent elle ne distingue pas la commission de l'escompte, et cependant ce sont deux droits tout à fait distincts : et la distinction est importante à constater, car il nous paraît évident que le droit de commission n'est légitime qu'autant qu'il est distinct de l'escompte ou de l'intérêt.

On a soutenu que les banquiers, par cela seulement qu'ils sont banquiers, peuvent, en plus de l'intérêt, percevoir une commission. Plusieurs arrêts s'appuient sur un argument, qu'a déjà fait valoir Savary : « le banquier n'est pas un simple prêteur de deniers, il fait négoce d'argent, opère sur des valeurs commerciales : et, soit qu'il dispose de ses fonds ou de ceux d'autrui, outre l'intérêt légal, il lui est dû un louage de services. » On ne peut exiger du banquier, selon l'expression de Scaccia, « *ut ponat operam et sudorem ad aliorum utilitatem.* » Il fait des démarches dans l'intérêt d'un client, il faut qu'il fasse payer le service qu'il rend. C'est la pensée qui inspire un arrêt de la Cour de Caen, du 5 juillet 1872 : « attendu que le banquier qui n'est pas supposé avoir en sa position les capitaux qu'il procure à ses clients, est réputé vis-à-vis de ceux-ci un intermédiaire dont les soins, démarches et risques doivent être indemnisés : que cette indemnité n'est pas comprise dans l'intérêt légal, lequel a été déterminé en vue de celui qui prête ses capitaux : qu'ainsi il est actuellement admis qu'une commission peut être légitimement perçue par le banquier en sus dudit intérêt.... »

Nous ne saurions admettre que, le prêt à 7 pour 100 étant défendu il soit permis au banquier de prêter à 6 pour 100 et de retenir un droit de commission de 1 pour 100. Où donc trouver les éléments du contrat de commission ? Le déposant a-t-il demandé au banquier de lui trouver un emprunteur ? Est-ce lui qui touche les intérêts, qui subira, s'il y a lieu, les risques du prêt ? La vérité est, que le banquier est propriétaire des capitaux déposés, que le déposant et l'emprunteur sont complètement étrangers l'un à l'autre. Il y a deux contrats distincts, contrat de dépôt entre le déposant et le banquier, contrat de prêt entre le banquier et l'emprunteur : il est impossible de retrouver, dans cette espèce, l'idée de mandat qui est la base de la commission. Aussi, n'admettons-nous pas que les banquiers puissent percevoir une commission pour les prêts directs sur billets, à ordre ou non à ordre, payables à une échéance déterminée. Nous en dirons autant de l'escompte de billets ou de lettres de change souscrits par un individu qui veut en réaliser le montant avant l'échéance, ou payables à l'ordre de cet individu et endossés par lui. Dans les deux cas, les banquiers se bornent à louer leurs capitaux.

Qu'on ne dise pas que les banquiers ont dû faire des démarches pour se procurer de l'argent, faire des frais indispensables, que s'ils ne touchaient pas de commission, en réalité, ils ne retireraient pas 6 pour 100 de leur argent. Le banquier prête son argent, en droit il ne remplit pas le rôle d'intermédiaire ; il n'y a aucune commission donnée par l'emprunteur ; celui-ci s'adresse au banquier comme il s'adresserait à un capitaliste. Le taux des prêts est fixé par la loi. La loi est la même pour tous, et lorsque les tribunaux veulent y introduire des distinctions, ils sortent de leur rôle d'interprètes de la loi.

Nous admettons cependant qu'un prêt fait par un banquier ou par tout autre, peut donner lieu à la perception d'un droit de commission. Mais il faut qu'on trouve dans l'espèce les éléments d'un véritable contrat de commission, qu'il y ait dans les circonstances du prêt et non dans la profession du prêteur, quelque chose qui motive un droit distinct.

Ainsi un banquier, ouvrant un crédit à un négociant qui peut-être n'en usera pas, peut légitimement, outre les 6 pour 100 d'intérêts, réclamer une commission pour les risques qu'il court en tenant à la disposition du négociant une somme qui peut-être ne fructifiera pas. M. Duvergier n'admet pas qu'il y ait matière à commission, parce que le banquier ne garde pas en caisse la somme mise à la disposition de chaque client, mais qu'il se contente d'en garder une partie comme fonds de roulement. Cela est vrai ; mais qu'une crise survienne, tout le monde usera à la fois du crédit ouvert, un banquier prudent doit donc, lorsqu'il a fait beaucoup d'ouvertures de crédit, augmenter notablement son fonds de roulement. De plus le crédité peut user de son crédit quand l'argent est cher, rembourser quand il est à bon marché : cette convention est donc plus onéreuse que l'emprunt, et le banquier a le droit de retenir un droit supplémentaire.

La cour de cassation (1) a décidé de même, avec raison selon nous, qu'il y avait lieu à commission dans l'espèce suivante : un capitaliste prêtait à un manufacturier, mais faisait lui-même les paiements, le manufacturier étant dégagé de toute responsabilité.

Les banquiers peuvent, à titre de commission exceptionnelle, porter le taux de leurs avances au taux de l'es-

1. 8 juillet 1851.

ompte de la Banque de France, pourvu qu'ils aient pré-
enu leurs clients. La jurisprudence reconnaît qu'il n'a été
iit exception à la loi de 1807 qu'en faveur de la Banque
e France : mais elle admet que le banquier peut, refu-
int à ses clients d'escompter en son nom, leur offrir ses ser-
ices pour aller chercher de l'argent à la Banque, et perce-
oir l'excédant du taux de l'escompte de la banque sur le
iux légal à titre de commission transitoire. Pourvu que la
iipulation soit expresse, qu'elle ne dissimule pas une fraude
suraire, il y a là un contrat de commission très légitime.
y a plusieurs arrêts en ce sens (1).

235. — *Du compte-courant.* — La théorie du compte-
ourant ne se trouve ni dans le Code de commerce, ni dans
ucune loi postérieure : on doit donc s'en référer aux
sages. Il peut être défini : « une convention par laquelle
eux parties conviennent que lorsqu'elles deviendront débi-
ices l'une de l'autre, chacune conservera la libre disposi-
on de ce dont elle sera débitrice, à la charge seulement
e créditer son créancier ; et que chaque créance perdra son
idividualité propre pour se fondre dans le solde, seul exi-
ble aux époques fixées par les parties (à terme ou à
ie) (2). » Ce contrat comporte plusieurs dérogations aux
gles générales relatives aux intérêts, d'abord à celle qui
ige que la convention d'intérêts soit expresse. Les inté-
ts, dans le compte courant, sont dus de plein droit. Les

1. Rejet 9 juillet 1872 D. p. 72. 1. 393. Bourges, 14 mai 1873, D. p. 74.
30.

2. Boistel. Droit commercial, n° 880.

uns se fondent, pour motiver cette décision, sur l'analogie du compte courant et du dépôt irrégulier ; dans ce dernier contrat le dépositaire est tenu de rembourser les fruits perçus (art. 1936). D'autres l'expliquent par l'idée d'un mandat tacite et réciproque qui existerait entre les parties ; l'intérêt des avances faites par le mandataire lui est dû par le mandant, à dater du jour des avances constatées. Enfin la raison véritable, c'est que cette disposition est consacrée par les usages du commerce, et qu'on peut en conséquence, la regarder comme fondée sur une convention expresse ou tacite.

Le taux des intérêts ne peut, sans être réduit comme usuraire, dépasser le taux légal de 5 ou 6 pour 100, selon qu'il s'agit de prêt civil ou commercial. On a soutenu que le compte-courant était toujours un acte commercial, parce qu'il a été inventé par des commerçants et à l'usage du commerce. Nous ne trouvons dans l'énumération de l'article 632 du Code de commerce aucune disposition qui permette de le classer d'une manière absolue dans les actes de commerce. A-t-il lieu entre personnes, ayant entre elles des rapports principalement commerciaux, il est commercial : et même entre commerçants, il est, jusqu'à preuve contraire, présumé commercial.

C'est toujours aux tribunaux à rechercher dans chaque espèce, si les circonstances du contrat permettent de le faire rentrer dans l'énumération de l'article 632. La question peut faire doute lorsqu'il s'agit de compte-courant ouvert par un banquier à un non-commerçant. Il a été jugé que le taux devait être de 6 pour 100, parce que, dans le silence des parties, il doit être le même des deux côtés, et que les obligations du côté du banquier étant commerciales, il a droit à 6 pour 100.

M. Feitu a soutenu que les parties ne pouvaient convenir d'un taux d'intérêts différent pour chacune d'elles (1), il se fonde sur ce que l'égalité entre les parties est un des caractères du compte-courant : que les différents crédits émanant d'une convention unique, élever l'un des plateaux de la balance, c'est faire pencher l'autre.

Cette considération, en l'absence de texte, ne nous paraît pas décisive : les dispositions de la loi de 1807 limitent seules la liberté des parties. Mais il est possible qu'une telle convention dissimule une opération usuraire. Si le compte-courant a lieu entre un banquier de Paris et un banquier d'Alger, le premier ayant droit à 6 pour 100, pour ses avances, le second à 10 pour 100, la différence du taux est légitime. Mais si les parties étaient deux banquiers de Paris, l'un ayant droit à 6 pour 100 et l'autre à 4 pour 100 seulement pour ses avances, on devrait présumer qu'une telle convention n'a d'autre but que de violer indirectement la loi de 1807 : dans ce cas les tribunaux devraient annuler la convention.

L'article 1154 est-il applicable en matière de compte-courant? La jurisprudence ne l'admet pas, puisqu'elle reconnaît que les comptes peuvent être arrêtés tous les trois

1. Compte-courant, n° 271.

on tous les six mois, pourvu que les comptes soient régulièrement arrêtés et qu'il s'agisse de compte-courants ouverts
par des banquiers. Cette pratique nous paraît illégale,
même les arrêtés de comptes n'ayant lieu que tous les ans,
parce que même dans ce cas, la convention exigée par l'article 1154 est faite d'avance et n'est pas expresse.

Il faudrait, pour ne pas violer l'art. 1154, que les comptes fussent arrêtés chaque année et qu'on fît chaque fois
une convention spéciale : ces conditions sont suffisantes,
bien qu'en fait les intérêts de créances entrées dans le
compte courant se trouvent porter intérêt avant un an.
Cela tient au caractère d'indivisibilité de compte courant :
toute créance entrant en compte courant perd son individua-
lité, il ne peut être question des intérêts de cette créance,
mais seulement des intérêts du solde. C'est pour le même
motif que, les intérêts de chaque créance ne pouvant être
demandés séparément, la prescription de cinq ans ne leur
est pas applicable. Une véritable novation se produit, lorsqu'après avoir arrêté le compte, on laisse le solde au banquier : il y a toujours eu un moment où les parties ont
cessé d'être en compte courant.

Il faut cependant reconnaître avec la jurisprudence que
les dangers de l'anatocisme sont bien diminués par les fréquents arrêtés de comptes qui avertissent le débiteur de
l'état de sa dette.

La Cour de Cassation condamne constamment les banquiers, qui prêtent à 6 pour 100, en calculant les intérêts
sur une année de 360 jours. En effet, on conçoit qu'ils

prennent pour base le nombre 360 qui facilite leurs calculs, mais alors en choisissant un taux d'intérêt tel qu'il ne dépasse pas 6 pour 100 par année de 365 jours.

Nous avons admis que la commission était légitime en cas d'ouverture de crédit : nous déciderons de même dans le compte courant, qui comporte une ouverture de crédit.

Souvent, les banquiers stipulent que les intérêts ne commenceront à courir pour leurs clients que quelques jours après l'encaissement, ou qu'ils cesseront de courir quelques jours avant le décaissement : ils se basent sur la difficulté de trouver de suite un placement, sur la nécessité de garder quelque temps des sommes improductives.

On peut toujours convenir que des intérêts ne seront pas dûs, par conséquent une telle stipulation est légale, mais à condition d'être réciproque. Cependant la jurisprudence admet cette convention pour le client, tandis que les avances faites par le banquier produisent intérêt immédiatement.

Il nous reste à parler à propos du compte courant, de la pratique suivante, très fréquente chez les banquiers : un banquier reçoit d'un négociant, avec qui il est en compte courant, une lettre de change de 100 francs payable dans 3 mois. Il ne crédite le compte courant du négociant que de 98 fr. 50. S'il ne s'agissait pas de compte courant, ce serait simplement l'application de la jurisprudence qui admet le banquier à retenir l'escompte en dehors. Mais si cette lettre est remise au banquier le 1er janvier, par exemple, le négociant aura bien 100 francs le 1er avril, mais l'intérêt de cette somme depuis le 1er avril comme avant, continuera à être calculé sur 98 fr. 50, le commerçant éprouve donc un préjudice. Cependant ce mode de calcul est généralement admis.

236. — *Du report.* — Nous avons déjà dit en quoi consistait cette opération Ce n'est pas autre chose qu'un prêt sur nantissement : un capitaliste prête de l'argent pour un mois, à un spéculateur qui lui donne en échange la propriété d'un titre, le capitaliste devant le lui retransférer à la fin du mois : c'est le pignus primitif des Romains joint à un prêt d'argent, cela ne nous paraît pas contestable ; ce point de vue n'est pourtant pas universellement admis, la jurisprudence ne voit dans cette opération qu'un achat au comptant et une vente à terme, nullement un prêt à intérêt.

Sans doute l'opération apparaît comme une vente avec faculté de rachat. Mais nous pouvons relever de suite une différence essentielle avec la vente à réméré. C'est que dans celle-ci l'exercice du réméré est facultatif, au lieu que dans le report il est obligatoire : cela enlève à l'opération le caractère de vente à réméré sérieuse. Puis, ce ne sont pas les apparences qu'il faut consulter : c'est l'intention des parties qui donne au contrat son véritable caractère.

Le reporteur a-t-il voulu acquérir un titre, le reporté a-t-il voulu le vendre ? Non à coup sûr ! L'un a voulu placer ses fonds pour quinze jours ou un mois, l'autre avait besoin d'argent pour le même temps, tous deux ont voulu contracter un prêt, cela est évident. Objectera-t-on qu'ici,

|e prêteur ne connaît pas l'emprunteur, qu'il ne s'inquiète en rien de sa solvabilité, ne considérant que la valeur du titre reporté et la solvabilité de son propre agent de change ? Cela prouve simplement que ce prêt étant garanti par un gage solide et par un agent de change, le prêteur n'a pas besoin de s'inquiéter de la solvabilité de l'emprunteur : cela ne change nullement la nature de l'opération.

Tout ce qu'on peut dire, c'est que le taux des reports est plus variable que le taux de l'intérêt ordinaire : que défendre des reports supérieurs à 6 pour 100, quand la spéculation à la hausse est très engagée et par conséquent les reports très demandés, c'est amener fatalement une baisse désastreuse. Ce sont là des considérations qui ne sont nullement juridiques : qu'une opération analogue au report soit faite ailleurs qu'à la bourse, nul jurisconsulte n'hésitera à la condamner. Or la loi n'a fait aucune exception en faveur de la bourse.

237. — *Du prêt maritime.* — Le prêt maritime est un contrat très fréquent, qni fait exception au principe de la loi de 1807. L'ordonnance sur la marine de 1681, due à l'initiative de Colbert, a établi pour le prêt maritime une législation qui a été à peu près reproduite par le Code de commerce.

« Le prêt maritime ou prêt à la grosse aventure est un contrat, dans lequel certains objets exposés aux fortunes de mer, sont spécialement affectés au remboursement du capital, augmenté d'un intérêt maritime considérable, avec cette condition, que si les emprunts affectés à l'emprunt viennent à périr par fortune de mer, l'emprunteur n'aura rien à rembourser (1).

De cette définition ressortent les deux caractères principaux du prêt à la grosse :

1° Affection spéciale de certains objets au remboursement, ce qui le rapproche du prêt sur nantissement, et constitue une différence avec le prêt ordinaire.

2° Libération de l'emprunteur, si ces objets viennent à périr par fortune de mer. Cette condition rapproche le prêt à la grosse d'un contrat très fréquent, le contrat d'assurance, et constitue une différence radicale avec le prêt à intérêts : elle motive l'exception à la loi de 1807 : les risques étant en général beaucoup plus grands que dans le prêt habituel ; aucune limite maximum n'est assignée au taux du change ou profit maritime, ainsi qu'on appelle l'intérêt dans ce contrat.

Si ce contrat était modifié de façon à en faire disparaître les risques extraordinaires, il est évident que la loi de 1807 redeviendrait applicable.

SECTION III. — *Répression civile de l'usure.*

239. — L'article 3 de la loi de 1807 confond dans une même disposition, deux actions, qui, étant soumises à des

---

1. Boistel. D. com. pro. 3053.

règles différentes, eussent dû être séparées, l'action civile et l'action publique. Cet article, disant que le créancier pourra être renvoyé, s'il y a lieu, devant le tribunal correctionnel, ne veut certainement pas dire que c'est le tribunal qui doit prononcer ce renvoi, ce serait contraire à tous les principes : il ne peut non plus obliger le débiteur à intenter un second procès. Si la rédaction est obscure, l'intention du législateur est évidente : l'intérêt privé est protégé par l'action civile, l'intérêt de la société doit être protégé comme toujours, par le ministère public, chargé des poursuites.

240. — L'action civile est principale, et ne peut être jointe à l'action en répression du délit, car les deux actions n'ont pas le même objet ; le délit d'usure consistant en une succession de faits, chaque fait spécial, poursuivi par l'action civile, est un élément du délit, mais non le délit lui-même.

241. — La sanction de la prohibition est que le créancier doit restituer ce qu'il a perçu en trop, ou s'il n'a pas encore été remboursé, subir une réduction sur ce qui lui est dû. La loi de 1850 a déterminé la façon dont l'imputation doit avoir lieu ; la loi de 1807 était muette sur ce point, et deux systèmes étaient en présence.

Un système adopté par la majorité des auteurs, et quelques arrêts, voulait que les intérêts sujets à restitution fussent productifs d'intérêts, à partir du jour où ils avaient été payés. En effet à partir du jour où il a payé les intérêts indus, le débiteur est devenu créancier d'autant, et une compensation se produit de plein droit entre le capital qu'il doit et les intérêts qu'il a payés indûment. La fraction de la dette ainsi éteinte ne produit plus d'intérêts, ou ce qui revient au même, les intérêts payés en produisent : ce n'est que l'application des principes généraux. De plus, des articles 1377 et 1378, il résulte que celui qui a payé une dette par erreur, a droit à répétition ; que si celui qui a reçu le payement était de mauvaise foi, la restitution devrait porter, tant sur le principal que sur les intérêts, du jour du paiement.

La Cour de Cassation avait adopté un système moins rigoureux, basé sur les termes mêmes de la loi, disant que le créancier sera *condamné* à restitution : elle avait décidé par trois arrêts successifs, qu'il ne s'opérait ni compensation entre les intérêts usuraires et la dette principale, ni imputation de ces mêmes intérêts sur les sommes légitimement dues. Elle exigeait pour faire courir les intérêts une demande en réduction ou en restitution de la part du débiteur, et un jugement de condamnation liquidant les sommes à restituer : enfin les intérêts de l'excédant n'étaient dus que du jour de la demande, le prêteur ne recevant que conformément à un titre apparent, qu'il perd seulement par la demande. On pouvait argumenter par analogie de l'article 1682 : l'acheteur coupable de lésion, ne doit les intérêts du juste prix, que du jour de la demande L'argument d'analogie n'est pas très fort. Car si l'acheteur peut ignorer la lésion, qui d'ailleurs n'est pas un délit, la mauvaise foi de l'usurier est certaine. Quoiqu'il en soit, la loi de 1850 a tranché la question, en décidant que les perceptions usuraires seraient imputées de plein droit aux époques où elles auraient eu lieu sur les intérêts échus, et subsidiairement sur le capital, et que si la créance avait été remboursée, les intérêts des sommes indûment payées courraient du jour où elles auraient été perçues.

242. — La question de la preuve de l'usure a donné lieu à une sérieuse difficulté. L'usure peut-elle se prouver par témoins et par de simples présomptions ? Admettre l'application des principes généraux en cette matière, c'eût été laisser lettre morte la loi de 1807, car on n'eût pas admis à faire la preuve contre le contenu aux actes, et rien n'eût été plus facile que de dissimuler l'usure par des simulations dans l'acte.

Ce système n'a triomphé ni en doctrine ni en jurisprudence. La règle de l'article 1341, qu'invoquent ses adversaires, comporte des exceptions : l'article 1348 fait exception aux règles sur la preuve, quand il n'a pas été possible de se procurer une preuve écrite, notamment en cas de délits et de quasi délits. Or, la loi de 1807 est fondée sur la présomption que le débiteur n'a pas contracté librement, et de plus l'usure est un délit. Cette solution est donc d'accord avec les principes.

On a contesté que l'article 1348 fût applicable : il y a en effet des délits auxquels il ne s'applique pas, par exemple la violation de dépôt, lorsqu'il s'agit d'objet valant plus de 250 francs. Mais il n'y a aucune raison pour faire en faveur de l'usure une nouvelle exception. Il y a plus :

nous contestons même que l'article 1341 soit applicable. Celui-ci ne s'applique qu'en matière d'intérêt privé : il est fondé sur une présomption de renonciation à un avantage personnel, que la loi fait résulter de l'absence de titre écrit. Or, la renonciation n'est pas possible, quand il s'agit de renonciation contraire à l'ordre public. Enfin, on ne peut pour la même raison, arguer de la participation du débiteur au contrat, car on ne peut s'appuyer sur cette raison pour violer l'ordre public. D'ailleurs le débiteur est présumé céder à une violence morale irrésistible.

243. — La preuve testimoniale étant admise, les juges peuvent également baser leur conviction sur des présomptions graves, précises et concordantes.

244. — Si même, ces deux modes de preuve ne déterminaient pas chez les juges une conviction absolue, ils pourraient déférer le serment supplétoire en vertu des articles 1366 et 1367. M. Chardon pense même qu'ils le doivent : leur en faire un devoir serait, il nous semble bien dangereux, on peut laisser cette question à leur appréciation, de même qu'ils peuvent déférer le serment à leur choix à l'un ou à l'autre des plaideurs.

245. — Toutefois la règle que nous avons posée doit fléchir, s'il s'agit d'un acte authentique : quand le prêt et la numération des espèces ont été faits en présence du notaire, on ne peut prouver contre le contenu de l'acte que par l'inscription de faux ; mais on pourrait prouver que la numération des espèces a été seulement simulée pour tromper le notaire.

246. — L'action peut être intentée par le débiteur usuré : elle peut l'être aussi par ses créanciers, suivant les formes et dans les cas déterminés par les articles 1166 et 1167.

247. — Arrivons à la prescription applicable aux actions du débiteur. Tout d'abord, s'il s'agit de la réduction des intérêts pour l'avenir, il est bien évident qu'aucun laps de temps ne pourra prévaloir contre une loi d'ordre public, que le débiteur soit demandeur ou défendeur.

Mais, s'il s'agit de la restitution de ce qui a été payé, la question est plus délicate, n'ayant été réglée ni par la loi de 1807, ni par celle de 1850.

Il faut distinguer deux cas. Ou bien le prêt usuraire n'est pas dissimulé, et alors la prescription applicable est celle de trente ans : on ne se trouve pas dans le cas de l'article 1304, car loin de vouloir faire tomber le contrat, on s'appuie sur lui pour demander la réduction : on ne s'attaque pas au contrat, on constate seulement qu'on a trop payé. Ou bien le contrat est dissimulé sous forme de contrat régulier en apparence : dans ce cas la question est plus discutée. M. Chardon pense qu'on ne peut obtenir justice d'une usure palliée, sans faire tomber un contrat qui a les apparences de la correction : c'est le cas de l'article 1304. M. Pont conteste cette doctrine par de sérieux arguments : l'article 1304 est fondé sur une présomption de ratification ; or une convention usuraire étant contraire à l'ordre public, ne peut être ratifiée : l'article 1304 n'est donc pas applicable, et la prescription est comme dans le cas précédent, celle de trente ans.

248. — Quel est le point de départ de la prescription ? Nous pensons que la prescription ne commence à courir que du jour du dernier paiement, parce que, tandis qu'en général le dol et la fraude se consomment dans la convention, l'usure ne se consomme que par l'exécution. Ce délit se continue par la perception de tous les gains illicites, et d'ailleurs, le moment ou le débiteur peut agir, est celui ou ne dépendant plus du créancier, n'ayant plus à redouter sa vengeance, il agit en pleine liberté. Quelques auteurs enseignent au contraire que l'action pouvant être intentée aussitôt que chaque paiement indu a eu lieu, c'est toujours ce moment qui est le point de départ de la prescription. Celle-ci court donc depuis chaque paiement, et non pas seulement depuis le dernier.

249. — Enfin, si dans le cours de la prescription, intervient un jugement qui condamne le débiteur à payer, ce jugement lorsqu'il aura acquis l'autorité de la chose jugée, rendra le débiteur désormais non recevable à intenter une action fondée sur le caractère usuraire de l'opération.

250. — L'usure ne peut être couverte par des actes confirmatifs d'exécution, puisque la loi ouvre une action en restitution à l'emprunteur. Mais les parties peuvent ratifier les usures passées et consommées : il est bien évident que cette confirmation doit être entièrement libre de la part du débiteur ; que si par exemple, au moment de la

confirmation, il souscrivait de nouveaux billets à son emprunteur, il ne faudrait voir dans la confirmation qu'une exaction usuraire de plus.

Section IV. — *Répression pénale de l'usure.*

251. — La loi de 1850 comme la loi de 1807, fait de l'usure un délit pénal, mais un délit d'une nature spéciale, puisqu'il consiste dans une suite de faits d'usure. L'article 4 de la loi de 1807 commence ainsi : tout individu, prévenu de se livrer habituellement à l'usure, sera condamné... Ce que la loi punit de peines correctionnelles, c'est donc l'habitude de l'usure : un fait isolé d'usure, ni même la perception successive d'intérêts à l'occasion d'un même prêt, ne suffirait pas à motiver des poursuites. Il faut qu'il y ait plusieurs opérations de prêt : la Cour de cassation a constamment cassé les arrêts qui, pour un fait unique d'usure, prononçaient des peines correctionnelles. Mais s'il est certain que l'habitude est nécessaire pour constituer le délit, on discute sur ce qu'il faut entendre par habitude de l'usure, la loi ne l'ayant pas défini. On a prétendu que deux faits suffisaient à caractériser l'habitude. M. Petit a réfuté cette doctrine en faisant remarquer, que si telle eut été la pensée du législateur, il eut parlé de récidive et non d'habitude : pour cet auteur, le délit est constitué par quatre faits d'usure, séparés par de courts intervalles. Nous n'admettons pas plus ce système que le précédent. La loi

n'ayant pas fixé de chiffre a laissé a ⎡ tribunaux une latitude absolue pour juger dans chaque espèce : évidemment ce que la loi a voulu frapper, c'est le métier d'usure, et ce n'est pas par un chiffre qu'on peut déterminer le moment précis ou l'usure devient un métier. Cela dépend de circonstances très complexes : deux faits d'usure peuvent avoir un caractère très grave, parce qu'ils marquent la préméditation, l'intention de recommencer, quatre faits peuvent avoir un caractère fortuit, ne motivant pas les poursuites : c'est aux tribunaux d'apprécier.

Que les prêts aient été faits à plusieurs personnes ou à une seule, peu importe, pourvu qu'il y ait pluralité de prêts. La question est plus délicate lorsqu'il n'y a qu'un seul prêt, mais plusieurs fois renouvelé. Un certain nombre d'auteurs ne considèrent les renouvellements de prêts, que comme une prolongation de délai. Nous pensons, avec la jurisprudence, que ce prêt renouvelé peut suffire à constituer le délit. A l'expiration du délai, le prêteur peut rentrer dans ses fonds, et s'il les laisse entre les mains de l'emprunteur, c'est une nouvelle opération qu'il fait : ce que la loi punit, c'est la perception répétée d'intérêts usuraires à la suite de plusieurs conventions, peu importe aux dépens de qui l'infraction est commise.

On ne doit pas remonter indéfiniment dans le passé pour grouper des faits usuraires séparés par de longs intervalles : cela ne constituerait plus l'habitude. Si même, des faits ont été ignorés lors de la première condamnation, bien qu'en fait ils eussent pu avoir pour résultat d'augmenter l'amende, en droit, ils n'eussent constitué qu'un élément de plus du délit, délit déjà pu.. : ils sont donc effacés par la condamnation comme le d.lit lui-même, et ne peuvent servir de base à une nouvelle accusation d'usure.

252. — L'usure est comme tous les délits susceptible de prescription ; les lois de 1807 et 1850 étant muettes sur cette question, il faut appliquer les règles générales de l'article 638 du Code d'instr. crim. et dire que le délit d'usure se prescrit par trois ans.

253. — Une première difficulté se présente tout d'abord à raison du caractère de continuité du délit. Celui-ci résulte d'un ensemble de faits : si une fois le délit caractérisé, aucune infraction ne se produit pendant trois ans, il est certain que la prescription est acquise. Mais si de nouveaux faits usuraires ont été commis avant l'expiration de ce délai, le point de départ de la prescription est la date du dernier fait usuraire.

En effet, les faits usuraires couverts par la prescription et ne pouvant plus donner lieu à des réparations civiles, peuvent entrer dans l'appréciation du juge qui recherche s'il y a délit d'usure, pourvu qu'il y ait un seul fait non prescrit : sans quoi, le délit d'usure ne pourrait presque jamais être constaté, faute de pouvoir en réunir les éléments. Cela revient à dire que tout nouveau fait d'usure se produisant dans le délai de trois ans interrompt la prescription de tous les anciens faits usuraires.

254. — Que faut-il entendre par dernier fait usuraire, est-ce la dernière obligation usuraire, ou seulement le

paiement de cette obligation ? M. Chardon soutient la dernière opinion, le délit n'étant, selon lui, qu'en préparation jusqu'au paiement, et ne s'accomplissant qu'à ce moment. Cette opinion qui est adoptée par la jurisprudence nous paraît exacte. Quelques auteurs soutiennent que dès qu'un prêt a été fait, contrairement aux dispositions de la loi, l'élément du délit existe. Ils font remarquer que le paiement seul constituant le délit, on ne pourra poursuivre les conventions usuraires non exécutées : il faudra donc, contrairement au vœu certain du législateur, respecter l'usure jusqu'à ce qu'elle ait fait son œuvre de ruine ! Cette considération ne saurait prévaloir contre le principe d'après lequel un délit n'est punissable qu'autant qu'il y a eu exécution.

255. — Les tribunaux correctionnels sont chargés de la répression du délit d'usure (art. 4 de la loi de 1801). C'est le procureur de la République qui dirige les poursuites : sa tâche est facilitée par une formalité prescrite par l'article 1 § 3 de la loi de 1850 : tout jugement civil ou commercial constatant un fait usuraire doit être transmis par le greffier au ministère public dans le délai d'un mois, sous peine d'une amende de 16 à 100 francs. Cette amende est prononcée par le tribunal civil, à la requête du ministère public (art. 7 de la loi de 1850).

256. — Les victimes de l'usure d'après la jurisprudence constante de la Cour de cassation ne peuvent exercer eux-mêmes la poursuite devant les tribunaux correctionnels. En effet un seul fait d'usure ne constitue pas le délit, et

le plaignant ne pouvant invoquer que les faits qui lui sont personnels, ne peut imputer à son créancier le délit d'usure. La question est plus délicate si le débiteur a été victime d'un assez grand nombre de faits usuraires pour constituer le délit. Plusieurs arrêts autorisent dans ce cas les poursuites correctionnelles, faisant application de l'article 64 du Code d'Instruction criminelle, d'après lequel, « dans les matières du ressort de la police correctionnelle, la partie lésée pourra s'adresser directement, au Tribunal correctionnel. » Nous ne croyons pas que cet article s'applique dans l'espèce : pour intenter une action, il faut un intérêt ; or, le préjudice étant causé par chaque fait isolé d'usure et non par l'habitude, qui ne cause de préjudice qu'à la société, le débiteur ne souffre pas du délit. Il y aurait d'ailleurs un danger sérieux pour le crédit à ce que, pour quelques faits peut-être sans importance, un débiteur malveillant pût mener son créancier en police correctionnelle.

Le même danger n'existe pas, quand le ministère public a pris l'initiative des poursuites, et malgré la jurisprudence contraire de la Cour de cassation, les Cours d'appel ont plusieurs fois décidé que les débiteurs usurés pourraient alors intervenir dans l'instance, en se constituant parties civiles : le vœu de la loi, disent les partisans de cette doctrine, a été que l'usurier ne pût être traduit en police correctionnelle pour un fait d'usure isolé, ou quelques faits sans importance. Mais dès l'instant que l'usurier est poursuivi, pourquoi le débiteur ne pourrait-il se porter partie civile, pourquoi exiger deux procès quand un seul suffit ? Peut-être la loi aurait-elle dû consacrer dans ce cas, une dérogation aux règles générales, elle ne l'a pas fait. Nous maintenons donc la solution donnée plus haut, en l'appuyant sur le même principe : pas d'intérêt, pas d'action.

257. — Le jugement rendu par le Tribunal civil ne lie pas le Tribunal correctionnel : car le débat a porté sur tel ou tel fait, et non sur l'ensemble qui constitue le délit. Il n'y a donc dans les deux espèces ni identité de demande, ni identité de parties. Nous déciderons de même pour les transactions qui peuvent intervenir entre les parties.

Inversement, la chose jugée au criminel ne lie pas le tribunal civil, et cela pour les mêmes raisons. D'ailleurs, on conçoit très bien que l'accusé, ayant à se débattre contre une multitude de faits, ne s'attache pas à démontrer la fausseté de tel fait particulier. Au contraire, poursuivi au civil pour ce seul fait, on conçoit qu'il puisse triompher, parce qu'il aura concentré sa défense sur ce point.

258. — Les deux lois relatives à l'usure ne disent pas quel tribunal sera compétent : il faut donc s'en référer aux règles générales posées par l'article 182, I. c., c'est-à-dire que l'usurier pourra être poursuivi soit devant le tribunal de son domicile, soit devant celui de l'arrondissement où les faits usuraires se sont passés, soit devant le tribunal du lieu où il a été trouvé.

Le lieu du délit est celui où il a été commis un nombre d'infractions suffisant pour constituer l'usure : s'il n'avait été commis dans aucun arrondissement un nombre suffisant de faits usuraires, aucun tribunal des arrondissements, où les faits auraient été commis, ne serait compétent.

Le tribunal de la résidence est toujours compétent.

Quand la loi parle du lieu où le coupable a été trouvé, elle veut parler de celui où il a été arrêté. On ne comprendrait pas qu'un simple déplacement du prévenu modifiât la compétence, tandis qu'il est très rationnel de faire juger le coupable là où il est arrêté : celui-ci est jugé plus promptement, et la victime de l'usure obtient plus tôt justice.

259. — L'habitude d'usure étant un délit, peut se prouver par tous les moyens, sans avoir égard au montant des sommes prêtées, aux titres authentiques, portant que les intérêts ne dépassent pas le taux légal (art. 1348) : le ministère public pourrait faire entendre les parties lésées et par leur déclaration, faire la preuve du délit ; c'est ce qu'a décidé la Cour de Bordeaux (5 juin 1842).

260. — La loi de 1807 punit l'usure d'une amende égale, au plus, à la moitié des capitaux prêtés. La loi de 1850, plus sévère, décide, dans son article 2, « que le délit d'usure sera puni d'une amende qui pourra s'élever à la moitié des capitaux prêtés à usure, et d'un emprisonnement de six jours à six mois, et l'article 6 ajoute que, « suivant la gravité des circonstances, les tribunaux pourront ordonner, aux frais des délinquants, l'affichage du jugement et son insertion dans un ou plusieurs journaux du département. »

L'amende ne peut s'élever au-dessus d'un certain chiffre : il est donc nécessaire de mentionner dans l'arrêt le chiffre des prêts déclarés usuraires, afin que le contrôle de la Cour de cassation puisse s'exercer.

261. — Une sérieuse difficulté se pose sur cette question : comment déterminer le maximum, quelles sommes doivent entrer dans le calcul ? Ainsi, une même somme ayant été prêtée plusieurs fois, doit-on la faire figurer autant de fois qu'elle a été prêtée ? Nous avons admis que le prêt, plusieurs fois répété, d'une même somme, que même le renouvellement d'un seul prêt pouvait suffire à constituer le délit : nous déciderons de même, d'accord avec la jurisprudence, qu'à chaque renouvellement de prêt doit correspondre une élévation du maximum de l'amende. Cette solution est très vivement contestée : la loi, dit-on, ne parle que des capitaux prêtés, or il n'y a eu qu'un seul capital réellement prêté. En décidant autrement, on arriverait à un résultat plus sévère que la loi ne l'a voulu : elle veut que l'usurier perde la moitié de son capital, tandis qu'ayant un capital de 10,000 francs qu'il a prêté cinq fois, ou dont il a cinq fois renouvelé le prêt, l'amende pourrait être portée à 25,000 francs, ce qui serait sa ruine. Ces objections ne nous paraissent pas fondées : à chaque renouvellement, le prêteur reprend la disposition de son capital, et en fait de nouveau un emploi illégitime ; or, c'est un principe général que toute peine doit être augmentée à raison de la gravité du délit. Il n'est pas à craindre que l'usurier soit frappé d'une amende démesurée ; car le fait qu'il n'y a eu que renouvellement du prêt, et non, à proprement parler,

nouvelle opération, peut être considérée comme une circonstance atténuante, et les juges ne manqueront pas, profitant de la grande latitude que leur laisse la loi, d'abaisser l'amende dans une juste mesure.

262. — La loi de 1807, dans son article 4 *in fine*, ajoutait la peine de l'emprisonnement à l'amende, lorsque l'usure était compliquée d'escroquerie : « s'il résulte de la procédure qu'il y a eu escroquerie de la part du prêteur, il sera condamné, outre l'amende ci-dessus, à un emprisonnement qui ne pourra excéder deux ans. » Pour la définition de l'escroquerie, on devait se référer à l'article 35 du titre 2 de la loi du 22 juillet 1791. Mais quand le Code pénal fut promulgué, on se demanda s'il fallait adopter la définition de l'escroquerie, donnée par l'article 405 de ce Code.

Il est certain que si les faits prévus par l'article 405 existaient, il n'y avait qu'à appliquer cet article. Mais, dans le cas contraire, devait-on se référer à la définition de la loi de 1792? Quelques auteurs soutenaient que la promulgation du Code a abrogé la loi de 1791. On répondait que la promulgation du Code n'avait pas abrogé la loi de 1807 ; que cette loi visait nécessairement l'escroquerie prévue par la loi de 1791, qu'on ne pouvait interpréter une loi par une loi postérieure. La loi de 1850 a fait disparaître la controverse ; car on ne peut douter qu'en employant le mot escroquerie, elle n'ait en vue celle qui est définie par le Code pénal. L'article 4 de cette loi, aggravant la sévérité de la loi de 1807, porte : « s'il y a eu escroquerie de la part du prêteur, il sera passible des peines prononcées par l'article 405 du Code pénal, sauf l'amende qui sera réglée par l'article 2 de la présente loi ». L'article 405 comporte un maximum de cinq années d'emprisonnement et de 3,000 francs d'amende.

263. — Il y a là une dérogation aux principes généraux sur le cumul ; en général, lorsque le prévenu est passible de deux peines, on n'applique que la plus forte, l'emprisonnement. Ici, au contraire, il y a cumul de l'emprisonnement et de l'amende, et l'amende prononcée est celle de la loi de 1850 qui pourra s'élever bien au-dessus de 3,000 francs. L'intention évidente du législateur est d'aggraver à l'égard des usuriers les rigueurs ordinaires de la loi ; on pourrait donc soutenir que si les prêts s'élèvent à moins de 6,000 francs, il faudra appliquer l'article 405 qui est dans ce cas défavorable à l'usurier. Cette interprétation nous paraît s'éloigner beaucoup du texte de la loi. Cependant le ministère public pourrait, faisant abstraction de l'usure, baser sa poursuite uniquement sur l'escroquerie et requérir l'application de l'article 405.

264. — La loi de 1850 a fait disparaître une grave lacune de la loi de 1807 ; celle-ci n'ayant pris aucune disposition spéciale, relativement au cumul, laissait à l'usurier un moyen de se soustraire à la peine portée par la loi. Il lui suffisait de commettre un délit, puni d'une peine plus forte que l'usure, pour échanger contre quelques jours de prison, une amende très forte qui peut-être l'eût ruiné ; bien plus, il lui suffisait de commettre un de ces délits

qui donnent lieu soit à emprisonnement, soit à amende ;
de sorte qu'en commettant un nouveau délit, il se pouvait
qu'une amende de 100,000 francs fut remplacée par une
de 16 francs. Il y avait donc là un moyen de se soustraire
au châtiment, et un encouragement à commettre un nouveau délit. La loi de 1850, en prononçant la peine d'emprisonnement contre les usuriers, a fait cesser cet état de
choses.

265. — L'article 5 de la loi de 1807 contient une application pure et simple du principe de la non-rétroactivité
des lois : « il n'est rien innové aux stipulations d'intérêts
par contrats ou actes faits jusqu'au jour de la présente
loi. » Les actes passés antérieurement à la loi ne peuvent
donc constituer l'usure. Les intérêts stipulés avant, sont
dûs même après la promulgation de la loi, car la convention de payer des intérêts touche à la substance du contrat,
et doit être régie par la loi sous laquelle elle a été consentie.

La question est plus discutée en ce qui concerne les intérêts légaux. Nous pensons que le délai de remboursement expiré, ce sont les intérêts fixés par la loi qui doivent
courir. La convention des parties est respectée, le prêteur
peut rentrer dans ses fonds. S'il ne le fait pas, il ne peut
s'appuyer sur une loi abrogée, il doit se soumettre à la loi
en vigueur.

L'article 5 s'applique aussi à la rente constituée. Nous
avons déjà dit, quels motifs permettaient d'affirmer que la
loi de 1807 était applicable à la rente constituée.

266. — L'article 6 de la loi permet aux juges d'appli-

quer dans tous les cas l'article 463 du Code pénal sur les circonstances atténuantes.

267. — La loi de 1807 ne prévoyait pas le cas de récidive. La loi de 1850 a réglé la question dans son article 3 : en cas de nouveau délit d'usure, le coupable sera condamné au maximum des peines prononcées par l'article précédent, et elles pourront être élevées jusqu'au double, sans préjudice des cas généraux de récidive, prévus par les articles 57 et 58 du Code pénal. Après une première condamnation pour habitude d'usure, le nouveau délit résultera d'un fait postérieur, même unique, s'il s'est accompli dans les cinq ans, à partir du jugement ou de l'arrêt de condamnation. » Ainsi en cas de récidive, l'amende sera au moins de la moitié et pourra s'élever au chiffre total des sommes prêtées ; l'emprisonnement sera au minimum de six mois et d'un an au plus.

Un nouveau fait d'usure commis moins de cinq ans après une première condamnation suffit à constituer la récidive. C'est une contradiction au principe qu'une condamnation efface toutes les infractions antérieures ; il faut en effet plusieurs faits d'usure pour constituer le délit, tandis qu'ici un seul fait se produisant dans le délai de cinq ans après une première condamnation, suffit à en motiver une seconde. On a été conduit à violer ici les principes, a dit le rapporteur de la loi, M. Paillet, afin de sauvegarder la société contre l'usure qui fait tant de victimes. Du reste, après l'expiration des cinq ans, le principe « non bis in idem » reprend son empire ; les faits d'usure antérieurs à la condamnation ne peuvent plus être considérés comme les éléments d'un nouveau délit.

Les peines de la récidive peuvent être prononcées contre celui qui aurait déjà été condamné pour crime (art. 57 C. p.) ou pour délit à un emprisonnement de plus d'une année (art. 58 C. p.). Le tribunal pourrait de plus, conformément à ces articles, le mettre pour dix ans sous la surveillance de la haute police.

268. — Les lois de 1807 et de 1850 ne contenant aucune disposition relative à la complicité, il faut appliquer le droit commun, c'est-à-dire les règles de l'article 59 C. P. Les complices d'un crime ou d'un délit sont punis de la même peine que les auteurs même de ce crime ou de ce délit, sauf les cas où la loi en aurait disposé autrement. C'est ce qu'a décidé récemment la Cour de cassation dans plusieurs arrêts : l'un d'eux, du 14 décembre 1838, décide, que si des associés se sont rendus coupables d'usure, chacun doit être frappé d'une amende distincte, sauf à proportionner les amendes à la culpabilité de chacun. Le principe est nettement posé, mais son application donne lieu à de sérieuses difficultés. Que décider d'abord, si le complice n'a pris part qu'à un très petit nombre de faits usuraires ?

Il semble que si le nombre des faits auxquels il a pris part n'est pas suffisant pour constituer l'habitude, et par conséquent le délit, il n'est pas suffisant non plus pour constituer la complicité. S'il s'agissait de tout autre délit, le fait d'avoir pris la plus petite part au délit constituerait la complicité : mais le délit d'usure est tout spécial, il ne résulte pas d'un fait unique, et on ne peut admettre que des faits, qui ne feraient pas punir l'auteur principal, puissent faire punir le complice. Une difficulté analogue est relative au quantum de l'amende. Aux termes de l'article 59, la peine est la même pour l'auteur principal et pour le complice. Faut-il décider que le maximum de l'amende pour le complice qui n'aura pris part qu'à deux ou trois opérations, sera la même que pour l'auteur qui en aura fait un grand nombre ? Sans doute, si on décidait l'affirmative, l'injustice du résultat serait tempérée par le pouvoir très étendu des juges ; mais nous ne pouvons admettre que le complice soit plus durement traité que l'auteur principal : la loi donne à l'usurier une garantie, il ne peut être condamné au-delà d'un certain chiffre, basé sur sa culpabilité le complice doit avoir la même garantie. L'article 59 n'est donc pas applicable à notre délit qui, d'ailleurs, est spécial et dont il n'est pas fait mention dans le Code pénal. Dans le cas contraire, celui qui aurait commis un seul fait d'usure serait à la merci de l'auteur principal et souffrirait de ses agissements ultérieurs ; les résultats auxquels conduit ce système suffisent à le rendre inadmissible.

QUATRIÈME PARTIE

LÉGISLATION COMPARÉE

269. — Après avoir parcouru les principales législations anciennes, nous avons étudié en détail les législations romaine et française : un aperçu sommaire des législations étrangères actuelles est le complément nécessaire de cette étude. Nous trouverons dans ces législations une grande variété : nous verrons le régime de la liberté fonctionnant avec succès dans de grands pays, dont plusieurs sont bien moins prospères que le nôtre : cela nous servira à mesurer les progrès qui nous restent encore à faire.

CHAPITRE X

Angleterre.

270. — L'Angleterre fut la première, parmi les États de l'Europe, à proclamer la liberté. Déjà du vivant de Calvin on pratiquait le prêt à intérêt, sans que sa légitimité fût contestée. Une loi de 1714 limita le taux à 5 pour 100 et subsista dans son intégrité jusqu'en 1833. A partir de ce moment une réaction lente et progressive devait finir par faire triompher entièrement la liberté.

En 1833, on décida que la loi du maximum cesserait de s'appliquer aux billets à trois mois d'échéance.

En 1837, la mesure est généralisée et étendue aux billets à douze mois d'échéance.

En 1839 on soustrait à la loi, tous les billets de moins de dix livres sterling.

En 1841, tous les prêts inférieurs à 250 livres sterling sont affranchis du taux maximum, à l'exception des prêts hypothécaires.

En 1854 la liberté est, on peut le dire, entière. L'acte du 10 août 1854 est ainsi conçu :

« Vu l'utilité de rapporter les lois actuellement en vigueur sur l'usure, S. M. la Reine, de l'avis et du consentement des lords et des communes siégant au Parlement déclare :

Sont rapportés les différents actes et parties d'actes rendus par les parlements d'Angleterre et d'Écosse, de la Grande Bretagne et de l'Irlande, ainsi que toutes les lois en vigueur contre l'usure. » On ne maintient que deux exceptions : 1° pous les pawnbrokers ou prêteurs sur gage, qui ont d'ailleurs une grande latitude, puisque le maximum pour eux est de 10, 15 ou 20 pour 100 selon les cas; 2° en cas de condamnation judiciaire à une somme d'argent; le taux est alors de 4 pour 100 en Angleterre et de 5 pour 100 en Écosse.

En somme l'Angleterre jouit de la liberté en matière civile comme en matière commerciale ; le nouveau régime a été accueilli avec faveur et est entré dans les mœurs assez profondément pour justifier l'affirmation d'un savant économiste, M. Macleod; « il serait aussi facile de faire remonter les fleuves vers leurs sources que de rétablir les lois sur l'usure. »

Pays-Bas.

271. — La Hollande fut, jusqu'au 22 décembre 1857, soumise à un régime, qui n'était autre chose que la reproduction de notre loi de 1807. En 1857, sur l'initiative de la Banque de Hollande, qui souffrait de ne pouvoir élever le taux de son escompte, la loi limitative fut rapportée à

titre provisoire. Les résultats furent excellents ; les prêts furent très nombreux, l'intérêt très bas, l'usure disparut presqu'entièrement ; aussi peut-on dire, que la liberté est aujourd'hui établie en Hollande d'une façon définitive.

Suisse.

282. — Les lois restrictives étaient constamment violées dans le canton de Genève. Le conseil abolit des lois au moins inutiles, et proclama la liberté du 7 février 1857. Les résultats furent excellents.

Dans le canton de Vaud, une loi de 1843 a établi la liberté.

Les cantons de Fribourg, de Zurich, de Grisons, de Schaffhouse, de Lucerne, de Soleure sont soumis au même régime.

Seul, le canton de Berne fait exception ; aussi on élude la loi, en allant contracter dans les cantons voisins.

Russie.

273. — Nous avons rencontré sans étonnement la liberté, dans des pays où l'abondance des capitaux, la prospérité matérielle amenaient le bas prix de l'intérêt, où un commerce très développé devait tendre à amener le régime qui se plie le mieux à ses besoins. En Russie, au contraire, la liberté de l'intérêt est entièrement due à l'initiative hardie du souverain. Alexandre II, a su comprendre, que dans

un pays misérable, et manquant de capitaux, aucun pouvoir humain ne pouvait abaisser le taux de l'intérêt ; que le seul moyen de remédier au mal en attirant le capital, c'était de ne lui susciter aucun obstacle.

274. — Le taux légal fut longtemps fixé à 6 pour 100. Une seule exception était faite en faveur de la Banque impériale, qui réglait son escompte sur les demandes d'argent. Dans la pratique, le taux légal était dépassé et s'élevait jusqu'à 15 et 18 pour 100.

Par un ukase du 28 mars 1879, promulgué par le sénat, le 20 avril suivant, le gouvernement russe a abrogé les dispositions des lois civiles, relatives au taux légal de l'intérêt de l'argent, qui à l'avenir pourra, en vertu d'une entente préalable entre les parties contractantes, être fixé à un chiffre quelconque, mais sous la condition expresse, que ce chiffre sera déterminé dans le titre de créance remis par le débiteur au créancier. Dans le cas où cette condition n'aurait pas été observée, ainsi que dans les cas énumérés par les lois, où les intérêts doivent être fixés par voie légale, le taux sera de 6 pour 100.

Peut-être la réforme était-elle prématurée, du moins sans une sévère répression du délit d'usure : les désordres qui se sont produits dans ces dernières années, les aggressions contre les juifs, sont peut-être la réponse à une loi dont la portée a été méconnue. La population, peu instruite, habituée à tout attendre de l'initiative du souverain a dû se croire abandonnée à la merci des usuriers, et a voulu s'en venger. Quoi qu'il en soit, on n'est pas revenu à l'ancien système, et il est probable qu'on n'aura pas à s'en repentir.

Italie.

275. — Pays pauvre et sans industrie, on pouvait, avec quelque raison, craindre les effets de la liberté. Mais il y a longtemps que les Florentins et les Milanais, initiés aux pratiques du commerce et de la banque, connaissaient les avantages de la liberté. La liberté, très désirée en Piémont, fut votée le 13 mars 1857. Voici les principales dispositions de la loi.

Art. 1. — L'intérêt légal demeure fixé à 5 pour 100 en matière civile, et à 6 pour 100 en matière commerciale : on l'applique quand l'intérêt est dû, et qu'il n'existe aucune convention qui en fixe le taux. L'intérêt conventionnel doit résulter d'un acte par écrit sous peine de nullité.

Art. 8. — Le débiteur peut toujours après cinq ans à dater du contrat, rembourser nonobstant convention contraire, les sommes portant un intérêt excédant le taux légal. Il devra cependant en donner avis par écrit six mois d'avance : cet avis emportera de plein droit la renonciation au plus long délai qui aurait été conservé.

Le régime de la liberté existe aujourd'hui dans toute l'Italie.

Espagne.

276. — Encore moins favorisée que l'Italie sous le rapport économique, l'Espagne a cependant dès 1856 accepté la liberté. Le 14 mars 1856, la restriction du taux de l'intérêt a été abolie : le taux de 6 pour 100 a été établi provisoirement, pour le cas où les contrats ne contiendraient aucune stipulation à cet égard ; il a été décidé que le taux légal serait fixé chaque année par le gouvernement, après avoir pris l'avis du gouvernement.

Ce régime paraît définitivement établi ; il n'a jamais été attaqué.

Portugal.

277. — Ce pays est arrivé un des premiers à la liberté. Une loi l'a établi en 1833, fixant en même temps le taux légal à 5 ou 6 pour 100, selon la nature du prêt.

Amérique.

278. — De grands états Américains se sont prononcés pour la liberté. Une loi du 24 octobre 1831 l'a établie au Brésil : une loi du 7 octobre 1833 dans la République de l'équateur, une loi de 1835 à la Nouvelle-Grenade, une loi de 1838 dans l'Uruguay, etc...

Belgique.

279. — Notre loi de 1807 a été longtemps en vigueur en Belgique. Comme en France, on chercha à en assurer l'observation par une répression sévère de l'usure, et on en fit un délit.

En 1860, lors de la révision du Code pénal, on vota un article relatif au délit d'usure, ainsi conçu : quiconque aura habituellement fourni des valeurs de quelque manière que ce soit, à un taux excédant l'intérêt légal, et en abusant des passions ou des faiblesses de l'emprunteur, sera condamné à un emprisonnement d'un mois à un an, et à une amende de 1,000 à 10,000 francs.

A propos de la révocation de cet article, une discussion avait déjà eu lieu entre les partisans de la liberté de l'intérêt et les partisans de la restriction.

280. — En 1865, la discussion recommença et se termina par le triomphe de la liberté. Par soixante-dix-sept voix contre deux, sur la proposition de M. Frère Orban, ministre des finances, la loi fut votée le 5 mai 1865. En voici l'énoncé :

Art. 1. — Le taux de l'intérêt conventionnel est déterminé librement par les parties.

Art. 2. — Le taux de l'intérêt légal est fixé à 5 pour 100 en matière civile et en matière commerciale.

Art. 3. — Les bénéfices résultant pour la Banque nationale de la différence entre l'intérêt légal et le taux perçu par cette institution sont attribués au trésor public.

Art. 4. — Toutes les dispositions contraires à la présente loi sont abrogées.

CHAPITRE XI

PAYS OU LA LIBERTÉ DE L'INTÉRÊT N'EST PAS ABSOLUE

Autriche-Hongrie.

282. — L'Autriche fut une des premières parmi les nations européennes, à reconnaître que la légitimité du prêt à intérêt entraînait la liberté du taux. Joseph II songea, dès 1787 à supprimer la réglementation. L'ancien système ne fut, il est vrai, aboli, que pour être peu après rétabli, et c'est seulement le 14 juin 1868 qu'une loi abolit les dispositions relatives à l'usure. Cette loi fixait à 6 pour 100 l'intérêt légal, et permettait de stipuler que les intérêts seraient eux-mêmes productifs d'intérêts. L'anatocisme avait lieu de plein droit, pour les intérêts échus et réclamés en justice. Cette loi, établissant la liberté la plus absolue, est restée en vigueur dans les deux royaumes, jusqu'en 1877. A cette époque, le parlement hongrois établit une différence entre le prêt civil et le prêt commercial, celui-ci restant pleinement libre, tandis que le taux de l'intérêt civil était limité. En même temps, l'Autriche établissait pour quelques-unes de ses provinces, et pour le prêt civil seul, un régime spécial.

283. — Dans ces provinces, le nouveau régime avait

donné lieu aux plus graves abus : les paysans Galliciens notamment, sans instruction et sans prévoyance, n'avaient profité de la facilité du crédit amenée par la liberté, que pour satisfaire leurs gouts d'ivrognerie, et s'étaient laissé exploiter indignement par des prêteurs sans scrupules. Le nombre des ventes immobilières s'accrut dans une énorme proportion, presque toutes portant sur des immeubles de très faible valeur. Dans certains cantons, le taux habituel montait à 30 et 40 pour 100 : et encore souvent on l'augmentait par des clauses pénales insérées dans l'acte.

Les Chambres furent saisies de la question en 1875. On voulut que les juges pussent intervenir, lorsqu'il n'y avait pas proportion normale entre les avantages stipulés de part et d'autre. La législation d'alors, ne punissait le dol que si l'auteur s'était rendu coupable de manœuvres dolosives : on voulut que le fait seul d'avoir connu l'incapacité où était l'emprunteur, d'apprécier les conséquences d'un prêt à gros intérêt, suffit à rendre le prêteur punissable. L'article 1er de la loi du 19 mars 1877 est ainsi conçu : « quiconque fait une concession de crédit, sachant que les conditions acceptées par le preneur doivent nécessairement par suite de la disproportion des avantages réservés au créancier, entraîner la ruine du débiteur, alors que celui-ci ne pouvait connaître cette circonstance, à raison de sa faiblesse intellectuelle, de son inexpérience ou de sa surexcitation d'esprit, se rend coupable d'un délit et sera puni d'un emprisonnement de un à six mois et d'une amende de nt à mille florins. »

S'il y a récidive, l'emprisonnement peut être porté à deux ans. Le juge de répression annule l'acte à la suite duquel intervient la condamnation, le donneur à crédit obtient une indemnité.

284. — La question fut reprise en 1879 ; deux députés proposèrent d'étendre la législation de la Gallicie à d'autres provinces. La commission, chargée d'étudier la question proposa de fixer à 10 pour 100 le maximum de l'intérêt, ses conclusions furent repoussées. La loi du 28 mars 1881 abroge dans un article 7 la loi de 1877, pour en étendre les dispositions à tout l'Empire. L'article 14 reproduit l'article 7 de la loi de 1877, déclarant la loi inapplicable aux opérations commerciales. L'article 1er définissant le délit d'usure, modifie la définition de la loi de 1877. « Quiconque, dans une opération ayant pour but d'accorder ou de proroger un crédit, exploite sciemment la légéreté du débiteur, sa situation nécessiteuse, sa faiblesse d'intelligence, son inexpérience ou son excitation d'esprit, en se faisant promettre ou donner à lui ou à un tiers des avantages pécuniaires qui, par leur exagération sont de nature à causer ou à hâter la ruine de ce débiteur, se rend coupable d'un délit, et est puni d'un emprisonnement de rigueur de un à trois mois et d'une amende de 100 à 500 florins. »

Allemagne.

285. — La liberté existait dans quelques états de l'an-

cienne confédération Germanique, dans les duchés de Cobourg, d'Oldenbourg et de Weimar-Eisenach, dans la ville de Brême. Ailleurs, le taux était libre en matière commerciale, mais en matière civile, il était limité à 6 pour 100. On ne pouvait le stipuler plus fort, qu'avec la permission de l'autorité (1). Dans d'autres parties de la confédération, le taux était absolument limité ; mais les contraventions étaient fréquentes et le plus souvent la justice fermait les yeux.

226. — En Prusse, il y eut jusqu'en 1857, un maximum de l'intérêt. A cette époque, le gouvernement établit à titre d'essai la liberté du prêt pour trois mois, et en 1860 il proposa l'abrogation des lois sur l'usure. Le projet adopté par la Chambre des députés, fut repoussé par la Chambre des seigneurs.

En mai 1866, le roi établit par ordonnance la liberté de l'intérêt, sauf exception pour les prêts hypothécaires, et avec la restriction que le débiteur, ayant traité à plus de 6 pour 100, pourrait au bout du premier semestre, résilier le contrat moyennant six mois de dénonciation. La loi fédérale du 14 novembre 1867, étendit cette législation à toute l'Allemagne du Nord. Il n'y avait aucune mesure de répression prise contre l'usure, le Code pénale du 31 mai 1870 est muet sur ce décret.

287. — Une réaction s'est produite il y a quelques années, non pas précisément contre la liberté de l'intérêt,

1. *Journal des économistes.* fév. 1854.

mais contre l'absence de répression de l'usure. Des plaintes s'élevèrent de tous côtés, principalement en Bavière : en 1879 le ministre de l'Intérieur fit faire une enquête, qui révéla des faits d'une certaine gravité : on constata l'existence dans quelques grandes villes, de sociétés organisées pour faire l'usure, ayant chacune leur siège social et leur centre d'action. Le ministre déclara à la Chambre des députés que l'usure avait pris des proportions telles que l'intervention du pouvoir législatif était indispensable, toute la société souffrant d'un état de choses, assez grave pour faire craindre la diminution du rendement des impôts, si on ne s'opposait à ses progrès.

288. — Des mesures répressives de l'usure furent établis par la loi du 24 mai 1880, mais on n'a pas eu l'intention de revenir sur le principe de la liberté, ainsi qu'il résulte de l'exposé des motifs de la loi : « les états confédérés restent convaincus que la loi du 14 novembre 1867 n'a pas été une tentative inopportune, le téméraire essai d'une vaine doctrine, mais que, fruit d'une longue expérience, elle n'était que le résultat naturel du développement organique de la législation. »

La commission chargée de préparer la loi, constate qu'il était notoire qu'avant la proclamation de la liberté, les opérations usuraires s'effectuaient en plus grand nombre encore, que les lois sur l'usure étaient impuissantes. Elle reconnut pourtant qu'il existait certains abus auxquels on devait chercher à mettre un terme.

Le projet du gouvernement fut adopté. L'article 3 en

est ainsi conçu : celui qui abusant des besoins, de la faiblesse d'esprit ou de l'inexpérience d'un autre auquel il consent un prêt ou qui au moment de l'échéance d'une créance, se fait promettre ou procurer soit à lui, soit à un tiers, des profits qui excèdent de telle manière le taux habituel de l'intérêt, que d'après les circonstances de la cause, ces avantages se trouvent être en disproportion choquante avec le service rendu, sera puni comme coupable d'usure, d'un emprisonnement de six mois au plus, et concurremment d'un amende de 3000 marks au plus. Il pourra être privé de ses droits civiques. »

289. — Enfin, une loi Prussienne du 7 mars 1881, réglementant le prêt sur gage, fixait pour ce genre de prêt un taux maximum. L'article premier de cette loi est ainsi conçu : le prêteur sur gage ne pourra ni exiger, ni percevoir comme intérêts plus de deux pfennigs par mois et par mark pour les prêts de trente marks au plus, un pfennig par mois et par mark pour les prêts dépassant trente marks.

États-Unis.

290. — Il y a, en matière d'intérêts, autant de législations que d'États, aucune loi fédérale. Dans plusieurs états il est défendu de dépasser le taux légal qui varie suivant les États de 5 à 10 pour 100.

Le taux est limité dans les Etats de New-York, Indiana, Caroline du Nord, New Hampshire, Tennessie, il est libre en Californie, dans la Caroline du Sud, la Floride, le Maine le Massachussets, l'Etat de Nèvada et le Texas. Dans d'autres états, il est permis d'excéder le taux légal dans certaines limites.

Les tribunaux s'arrogent le droit de modifier les dispositions pénales contre l'usure, de réduire ou d'augmenter la peine selon les circonstances. Ils ont une tendance à ne punir que lorsque l'usure est énorme.

Mexique.

291,— Il y a un maximum légal fixé à 6 pour 100, tant en matière civile qu'en matière commerciale, mais il n'est observé que pour les prêts hypothécaires. Pour les autres, le taux s'élève bien au delà.

Suéde.

292. — La prohibition existe en principe, mais la loi du 13 septembre 1864 y a apporté une exception : «ce qui est statué au ch. IX du code de commerce, touchant la défense de prendre ou de faire promettre un intérêt plus élevé que 6 pour 100, n'est plus applicable aux revenus faits pour un temps déterminé moindre de 6 mois, contre obligations qui ne sont pas garanties par hypothéques ou gages hypothécaires.

Danemarck.

293. — La liberté a été adoptée en principe par la loi du 6 avril 1865, sauf en matière de prêts hypothécaires, où le taux ne doit pas dépasser 4 pour 100.

Le gouvernement, toutefois, peut permettre de dépasser le taux, en prélevant au profit du Trésor public un droit de 1/2 pour 100 sur le montant du prêt, en cas de retard dans le paiement, le créancier peut exiger un pour cent de plus.

PROJET DE LOI SOUMIS ACTUELLEMENT AUX CHAMBRES FRANÇAISES

294. — Les partisans de la liberté de l'intérêt ont agité déjà plus d'une fois la question devant les Chambres. Une première discussion eut lieu en 1836 : elle n'aboutit pas. Quelques années plus tard, en 1850, la législation de l'usure était même aggravée. En 1871, nouvelle tentative, également infructueuse. Trois ans plus tard, la question était reprise, et depuis ce temps, elle n'a pas encore reçu de solution.

295. — Les partisans de la liberté et ceux de la loi actuelle ont fait valoir leurs arguments : ni les uns, ni les autres ne semblent devoir triompher. Une opinion mixte, celle qui distingue les prêts civils des prêts commerciaux, a les plus grandes chances d'être adoptée définitivement. La Chambre des députés, à une assez forte majorité, a voté en première lecture, le projet qui maintient le régime actuel en matière civile, en laissant une entière liberté en matière commerciale.

Le danger que la liberté présente pour les campagnes est l'argument qui a paru le plus frapper la Chambre. En vain les adversaires de la loi de 1807 se sont élevés contre cette prétention, de vouloir mettre le paysan en tutelle : en vain ils ont fait remarquer que sa finesse naturelle est la meilleure des protections; que s'il contracte un prêt à de dures conditions, c'est qu'il ne peut en trouver de meilleures, et que ces conditions, si dures soient-elles, lui semblent encore avantageuses : qu'en tout cas, lui seul peut et doit en être juge. Si la restriction pouvait procurer aux paysans de l'argent à bon marché, rien de mieux ; mais tout au contraire, elle ne fait que leur rendre l'emprunt difficile, et plus onéreux. La majorité s'est ralliée à l'opinion qu'on doit en cette matière, non pas se diriger d'après les seuls principes, mais tenir compte des mœurs de chaque pays, que chaque peuple doit « se tailler un vêtement à sa taille ». On a prétendu le prouver par les divergences des législations, les unes favorables à la liberté, les autres entièrement restrictives, quelques-unes admettant un terme moyen entre les deux opinions extrêmes. On a tiré argument, surtout de l'exemple des États-Unis, terre classique de la liberté, ou les différents États ont adopté les solutions les plus diverses, on a fait valoir enfin le mouvement en arrière qui s'est produit dans les législations Autrichienne et Allemande, on a exploité les récents excès de l'usure dans ces pays, les présentant comme l'effet de la liberté.

296. — Dans l'état actuel, a-t-on dit, s'il y a dans les villes un véritable marché des capitaux pour les commerçants, dans les campagnes la liberté serait dangereuse, parce que la concurrence n'y existe qu'entre les emprunteurs.

297. — Un député de l'Algérie a répondu à ces craintes, en déclarant que la liberté de l'intérêt accordée à cette

colonie n'a produit que de bons effets et que le taux de l'intérêt a toujours été modéré. Quant à prétendre que le commerçant est plus apte que le paysan à juger sainement les
conséquences d'un emprunt, rien n'est plus contestable :
un commerçant, menacé de faillite, n'est-il pas prêt à subir
les conditions les plus dures, plutôt qu'un paysan, qui,
eût-il un ardent désir de posséder de la terre, peut à coup
sûr s'en passer, ou attendre une occasion meilleure.

298. — Un des griefs les plus sérieux qu'on ait fait
valoir contre le projet, est la difficulté de définir le prêt
civil et le prêt commercial. Nous avons vu qu'il y avait
actuellement sur cette question cinq systèmes ; s'il fallait
choisir pour convertir en loi l'un d'eux, nous serions fort
embarrassés, la définition quelle qu'elle soit, devant laisser
en dehors des cas où devrait s'appliquer logiquement la
liberté. Qu'est-il besoin de définir, a-t-on répondu, les tribunaux apprécieront dans chaque espèce, si le prêt est
civil ou commercial ! Ce serait, selon nous, le pire des systèmes, parce qu'introduisant dans la loi l'arbitraire le plus
absolu, il enlèverait toute sécurité au prêt commercial.

299. — Ajoutons que la liberté accordée au prêt commercial tournerait au préjudice de ces petits cultivateurs
qu'on veut protéger : portant de préférence les capitaux
vers le commerce, le loyer de ceux qui resteraient à l'agriculture tendrait à s'élever. Cette objection, sérieuse pourtant, n'a pas touché les partisans du projet de loi : le plus
souvent, disent-ils, l'escompte est au-dessous de 5 pour 100
et on a avantage à prêter à l'agriculture. Si l'escompte est

plus élevé, le capital ira au commerce, et le paysan ne pourra contracter de ces emprunts onéreux qui le ruinent. Nous avons déjà combattu cette doctrine, qui prétend substituer à l'initiative individuelle, l'action aveugle de la loi, et empêcher tout emprunt au-dessus d'un certain taux, comme étant toujours nuisible. Ou bien le taux de l'escompte sera inférieur à 5 pour 100 et la réglementation sera inutile, ou bien il sera plus élevé, et la réglementation sera nuisible en empêchant le paysan d'emprunter quelque besoin qu'il en ait.

300. — Quoique peu satisfaisant, le projet de loi est à coup sûr un progrès. C'est la première atteinte directe portée, après près d'un siècle d'existence, à la loi de 1807, c'est la consécration d'une jurisprudence nécessaire ; c'est enfin le projet transitoire que proposait Turgot, et on peut le considérer comme la dernière étape dans la voie de la liberté.

CONCLUSION

Nous avons passé en revue les diverses législations de
l'intérêt et de l'usure : nous avons montré les avantages
de la liberté, les inconvénients ou l'inanité des autres systèmes. Les systèmes, qui cherchent à concilier la liberté
de l'intérêt avec la répression de l'usure, ont, pour produire peu d'effets, la plupart des inconvénients de la loi
actuelle. L'usure est si mal définie, les caractères auxquels
on doit la reconnaître sont si incertains, que tout prêteur
est exposé à des poursuites correctionnelles. Les faiblesses,
les passions sont le fait de la plupart des hommes, et baser
sur des données aussi vagues la punition des prêteurs, c'est
ouvrir la porte à l'arbitraire le plus absolu.

Mais est-il besoin de prendre contre le prêt à intérêt des
mesures spéciales ? La protection des prodigues, la répression du dol et de la fraude ne suffisent-elles pas ? Il nous
semble qu'on peut trouver dans le droit commun les éléments
d'une répression suffisante de l'usure, et nous terminerons
en disant que le prêt à intérêts est un contrat comme les
autres, et comme tel devant être soumis au droit commun.

POSITIONS

DROIT ROMAIN

I. — Le pacte d'intérêt joint à une stipulation est, à la fin
de l'époque classique, validé *ipso jure*.

II. — Le *nauticum fœnus* est un *mutuum*, conditionnel
pendant le temps où les risques sont pour le prêteur, et qui devient ensuite définitif.

III. — Le *nauticum fœnus* résulte d'un simple pacte, mais
cette dérogation aux principes est limitée au
temps pendant lequel les risques sont à la charge
du prêteur.

IV. — Le taux de l'intérêt établi par la loi des Douze
Tables est de 10 pour 100.

V. — Le pacte d'intérêts peut donner lieu à compensation
de la part du débiteur naturel.

DROIT FRANÇAIS

DROIT CIVIL.

I. — Le maximum légal établi par la loi de 1807 n'est
pas applicable aux prêts faits à l'étranger et devant s'exécuter à l'étranger.

II. — La loi de 1807 est applicable aux rentes perpétuelles ; elle ne l'est pas aux prêts de denrées.

III. — La convention d'anatocisme n'est valable que relativement à des intérêts échus antérieurement à l'époque de la convention.

IV. — La règle romaine « *quæ temporalia ad agendum perpetua ad excipiendum* » n'est plus en vigueur.

DROIT COMMERCIAL.

I. — Le change est un contrat distinct du prêt à intérêt, étranger par conséquent à la loi de 1807.

II. — Le report est un prêt sur nantissement. Le taux du report doit être soumis au maximum.

DROIT CRIMINEL.

I. — L'habitude d'usure ne résulte pas d'un nombre déterminé de prêts usuraires ; elle peut résulter d'un renouvellement de prêts.

II. — Le débiteur, victime de l'usure, ne peut se porter partie civile quand le ministère public a pris l'initiative des poursuites.

III. — La même somme ayant été prêtée plusieurs fois, doit entrer autant de fois dans le calcul du maximum de l'amende.

IV. — Le complice du délit d'usure ne peut être poursuivi, que s'il a commis un nombre de faits suffisant pour constituer le délit.

HISTOIRE DU DROIT.

I. — La coutume de Paris devait être considérée comme formant le droit commun en pays coutumier.

II. — L'origine des fiefs n'est ni dans les bénéfices militaires de l'empire romain, ni dans le compagnonnage germain ; le système féodal est né spontanément de l'affaiblissement du pouvoir central et de l'anarchie.

DROIT DES GENS.

I. — Un belligérant ne peut forcer les habitants du pays envahi à faire des travaux devant servir aux opérations de guerre.

ÉCONOMIE POLITIQUE.

I. — L'argent est une marchandise ; le commerce de l'argent doit être laissé libre, comme celui de toute marchandise.

II. — La limitation du taux de l'intérêt est une expropriation pour cause d'utilité privée et sans indemnité.

Vu par le Président de la thèse,
GARSONNET.

Vu par le Doyen,
Cн. BEUDANT.

Vu et permis d'imprimer,
Le Vice-Recteur de l'Académie de Paris,
GRÉARD.

TABLE DES MATIÈRES

TROISIÈME PARTIE

ÉTUDE JURIDIQUE

DROIT ROMAIN

DROIT FRANÇAIS

———